Daniel Reiter

Individualität und Gemeinschaft im Denken Gustav Landauers und Spinozas

Eine vergleichende Studie

Diplomica Verlag GmbH

Reiter, Daniel: Individualität und Gemeinschaft im Denken Gustav Landauers und Spinozas: Eine vergleichende Studie. Hamburg, Diplomica Verlag GmbH 2013

Buch-ISBN: 978-3-8428-8398-7
PDF-eBook-ISBN: 978-3-8428-3398-2
Druck/Herstellung: Diplomica® Verlag GmbH, Hamburg, 2013

Bibliografische Information der Deutschen Nationalbibliothek:
Die Deutsche Nationalbibliothek verzeichnet diese Publikation in der Deutsche Nationalbibliografie; detaillierte bibliografische Daten sind im Internet über http://dnb.d-nb.de abrufbar.

© Diplomica Verlag GmbH
Hermannstal 119k, 22119 Hamburg
http://www.diplomica-verlag.de, Hamburg 2013
Printed in Germany

Inhalt

4. Kapitel

Individualität und Freiheit

5. Kapitel

Individualität und Gemeinschaftliches

6. Kapitel

Nachwort

Siglen- und Abkürzungsverzeichnis

Archivalien

Literaturverzeichnis

1. Kapitel

Vorwort

1.1 Thematischer Rahmen und Interdisziplinarität

> Wenn Sie dem Judentum Mose, Jesus, Spinoza wegnehmen, gibt es eben kein jüdisches Volk. Die Kabbala ist so echt jüdisch wie Spinoza [...].[1]

Was die Relevanz eines Vergleichs zwischen der Ethik Landauers und der Ethik Spinozas für die Judaistik oder auch den Jüdischen Studien angeht, so muss zu Anfang darauf hingewiesen werden, dass dieser Vergleich hauptsächlich in den soziokulturellen Bereich der wissenschaftlichen Betätigung innerhalb der Judaistik/Jüdischen Studien verweist und im Speziellen dieser Ethiken, nämlich unterthematisch als Vergleich zweier Konzepte betreffend der Individualität und der Gemeinschaft, Grenzen bewusst überschreitet. Der Anspruch an diese vergleichende Studie bei dieser Themenformulierung und Personenbesetzung muss somit interdisziplinär sein. Da beide Autoren allerdings faktisch dem Judentum entsprungene Geistesgrößen waren, bleibt dieser Vergleich trotz seiner Interdisziplinarität im Verantwortungsbereich der Judaistik/Jüdischen Studien.[2] Zumindest für Spinoza gilt in der Judaistik/Jüdischen Studien längst

---

[1] Brief von Gustav Landauer an Rafael Seligmann vom 17.09.1910, Hermsdorf b. Berlin, in: *Briefe I/II, Gustav Landauer, Sein Lebensgang in Briefen*, Buber, M. / Britschgi-Schimmer, I. (Hrsg.), Bd. 1, Frankfurt a. M. 1929, S. 324 ff., Original in GLAA 144.

[2] Auf die Schwierigkeit der thematischen Eingrenzung des Forschungsbereichs Judaistik/Jüdischen Studien wurde bereits vom Verband der Judaisten in Deutschlands e.V. hingewiesen. Vgl. URL: http://judaistik.eu/index.php?id=3 (08.04.2012). Dasselbe gilt für den „Judaismus" als Forschungsgegenstand der Judaistik/Jüdischen Studien und auf dessen terminologische Verschwommenheit bereits Levy, gerade in Bezug auf Spinoza, aufmerksam machte. Vgl. Levy, Ze'ev: *Baruch or Benedict. On some Jewish Aspects of Spinoza's Philosophy*, Frankfurt a. M. 1989, S. 10. Diese terminologische Schwierigkeit gilt ebenso für den Begriff „Jüdische Philosophie". Vgl. Zank, Michael: *Einige Vorüberlegungen zur jüdischen Philosophie am Ende des 20. Jahrhunderts. Entwurf einer Antrittsvorlesung zur Martin Buber Stiftungs-Gastprofessur für jüdische Religionsphilosophie*, Johann Wolfgang Goethe Universität, Frankfurt 3. Mai 1999, URL: http://kwicfinder.com/KWiCFinder_Queries/01-108-18-Apr-S003.D0016-JuedischePhil.html (08.04.2012).

seine Rehabilitierung und ist intern bereits weitläufig untersucht worden.[3] Damit stehen nicht nur die jüdischen und generellen wirkungsgeschichtlichen Einflüsse seiner Ethik zur Untersuchung frei, sondern auch seine Ethik für sich nach immanenten Kriterien. Dasselbe wird im Kontext dieser vergleichenden Studie auch für Landauers Ethik gelten. So bildet Landauers Ethik thematisch den Hauptgegenstand, der in einem Vergleich mit dem zweiten Gegenstand, der Ethik Spinozas, mündet. Was Landauer betrifft, so konzentriert sich dieser Vergleich in der Hauptsache ebenfalls auf seine Ethik für sich und hält Ausschau nach Überschneidungspunkten mit der spinozischen. Was den jüdischen als auch den wirkungsgeschichtlichen Aspekt beider Denker betrifft, so ist dieser bereits umfangreich ausgeleuchtet worden.[4]

An dieser Stelle bietet es sich an, darauf aufmerksam zu machen, dass das reine wirkungsgeschichtliche Bewusstsein dazu neigt Werk und Werkschaffenden innerhalb des jeweiligen kulturellen Zusammenhangs aufzulösen. So ist der methodologische Ansatz dieser Studie, nämlich eine Untersuchung nach immanenten Kriterien, mutig gewählt, geht aber trotzdem auf einige wirkungsgeschichtliche Aspekte ein, wenn die Relevanz es erfordert.

1.2 Rezeption und Forschungsstand

Spinozas Ethik gilt als eine sehr komplexe und polarisierende Philosophie, was gleichzeitig auch der Garant für seine ungebrochene Popularität sowie eine umfangreiche Rezeptionsgeschichte ist. Was den Anknüpfpunkt dieser Studie betrifft, so entstammen einige interessante und etablierte Ansätze zur Interpretation der spinozischen Philosophie der Forschungsarbeit von Etienne Balibar, Wolfgang Bartuschat und Gille Deleuze.[5] Was das Jüdische an Spinozas Gedankengut angeht, so sei hier der Vollständigkeit halber besonders auf Ze'ev Levy verwie-

---

[3] Vgl. Levy, Ze'ev: *Baruch or Benedict*, S. 11.
[4] Vgl. Levy, Ze'ev: *Baruch or Benedict*, Kapitel 1.2.
[5] Balibars Verdienst liegt bsd. im Ergründen der politischen Philosophie Spinozas. Für diese Studie ist bsd. sein Werk von 1985 interessant, da er darin auf die politischen und gesellschaftlichen Kategorisierungen, wie sie aus der spinozischen Ethik hervorgehen, eingeht. Vgl. Balibar, Etienne: *Spinoza and Politics*, London 2008.; Zwei Werke von Deleuze über Spinoza sind Klassiker innerhalb der Spinoza-Rezeption. Vgl. Deleuze, Gilles (1968; Diss.): *Spinoza und das Problem des Ausdrucks in der Philosophie*, München 1992 u. Deleuze, Gilles (1981): *Spinoza. Praktische Philosophie*, Berlin 1988.; Bsd. aufschlussreich ist das 1995 erschienenes Werk von Bartuschat. Vgl. Bartuschat, Wolfgang: *Spinozas Theorie des Menschen*, Hamburg 1995.

sen.[6] Aktuelle und sehr fundierte Herangehensweisen, jeweils sehr spezifisch, finden sich bei Thomas Kisser, Dittmar Dittrich und Catherine Newmark vor.[7]

Hinsichtlich der geistigen Hinterlassenschaft Landauers hat das wissenschaftliche Interesse gerade in den letzten Jahrzehnten stetig zugenommen. So werden nicht nur seine sehr zahlreichen Schriften wieder neu aufgelegt, sondern auch seine wirkungsgeschichtliche Bedeutung neu bewertet sowie das Spektrum seiner Interessenvielfalt betont. Die ältesten und renommiertesten Forschungsansätze zu seiner politischen Utopie bzw. seines romantischen Sozialismus stammen von Ruth Link-Salinger (Hyman) und Eugene Lunn.[8] Betreffend Landauers religiös inspirierten Geisteskosmos sowie seines mystischen Anarchismus haben sich mit aktuelleren Untersuchungen besonders Torsten Hinz, Frank Pfeiffer und Joachim Willems verdient gemacht.[9] Des Weiteren decken in der aktuellen Erforschung von Landauers Lebens-

---

[6] Bsd. das bereits oben genannte Werk von 1989: Levy, Ze'ev: *Baruch or Benedict.*

[7] Kissers Ansatz (1993; Diss.) betont sowohl die wirkungsgeschichtliche Bedeutung Spinozas innerhalb der Philosophie als auch sein relationales Konzept einer sich selbst bewussten Individualität. Vgl. Kisser, Thomas: *Selbstbewußtsein und Interaktion. Spinozas Theorie der Individualität,* Würzburg 1998.; Dittrich (2003; Diss.) überprüft den Determinismus der spinozischen Ethik in Hinblick auf die ebenfalls darin enthaltenen indeterminierten Momente. Vgl. Dittrich, Dittmar: *Zur Kompatibilität von Freiheit und Determinismus in Spinozas Ethica,* Hamburg 2003.; Newmark beleuchtet in ihrem Werk von 2007 (Diss.) das Phänomen der Affektivität in Spinozas Ethik und dessen wirkungsgeschichtlichen Zusammenhang innerhalb der traditionellen Philosophiestränge. Vgl. Newmark, Catherine: *Passion – Affekt – Gefühl, Philosophische Theorien der Emotionen zwischen Aristoteles und Kant,* Hamburg 2008.

[8] Bsd. Link-Salingers (Hyman) Werk von 1977. Vgl. Link-Salinger (Hyman), Ruth: *Philosopher of Utopia,* Indianapolis 1977; und auch das 1973 erschienene Werk von Lunn. Vgl. Lunn, Eugene: *Prophet of community. The romantic socialism of Gustav Landauer,* Berkeley 1973.

[9] Hinz beleuchtet in seiner Arbeit (2000; Diss.) das Verhältnis von Mystik und Anarchie bei Landauer sowie den Einfluss Meister Eckharts auf Landauers Denken. Vgl. Hinz, Thorsten: *Mystik und Anarchie. Meister Eckhart und sein Bedeutung im Denken Gustav Landauers,* Kramer 2000.; In dem aktuelleren Werk (2005) von Pfeiffer wird hauptsächlich dem politischen Wirken und der wirkungsgeschichtlichen Einbettung Landauers nachgegangen. Es werden aber auch einige richtungsgebende Argumente bezüglich der religiösen Konnotation innerhalb Landauers Denken vorgetragen. Vgl. Pfeiffer, Frank: *„Mir leben die Toten…". Gustav Landauers Programm des libertären Sozialismus.* Hamburg 2005.; Willems beleuchtet in seiner Arbeit (2001) zu Landauer den religiösen Eklektizismus bzw. in diesem Zusammenhang Synkretismus. Vgl. Willems, Joachim: *Religiöser Gehalt des Anarchismus und anarchistischer Gehalt der Religion. Die jüdisch-christlich-atheistische Mystik Gustav Landauers zwischen Meister Eckhart und Martin Buber,* Albeck bei Ulm 2001.

werk insbesondere Michael Löwy, Hanna Delf und Siegbert Wolf seine kulturellen und soziologischen Theorien sowie die wirkungsgeschichtliche Perspektive ab.[10]

Was die generelle Vergleichbarkeit zwischen Landauer und Spinoza betrifft, so hat Delf (1997) zuerst sehr detailliert darauf hingewiesen, dass signifikante Parallelen im Denken beider Autoren existieren. Weitergeführt, jedoch mit einer hauptsächlich literaturwissenschaftlichen Gewichtung, wurde ihre Arbeit von Elke Kerstin Dubbels (2008), die ihrerseits den Vergleich auf den ethischen Aspekt verlagert.[11] Allerdings muss angemerkt werden, dass sie dieses im Rahmen eines kürzeren Essays untersucht hat, so liegt der zusätzliche Anspruch der hier vorliegenden Studie vermehrt ins Detail zu gehen.

1.3 Die These des Vergleichs

Unter dem Aspekt mit der aus der Erforschung gewonnenen Erkenntnis, dass Landauer durch die spinozischen Philosophie tiefgreifend inspiriert wurde, einen tieferen und detaillierteren Einblick in die Ethiken beider Denker zu nehmen, lautet die These dieses Vergleichs, dass Landauer nicht nur *im Wesentlichen* am philosophischen Denken Spinozas partizipiert, sondern darüber hinaus dieses auch auf genuine Art und Weise für sein eigenes ethisches Konzept von Individualität und Gemeinschaft utilitarisiert.

---

[10] Bei Löwy bsd. ein Essay zum romantischen Messianismus (1997). Vgl. Löwy, Michaël: *Der romantische Messianismus Gustav Landauers*, in: *Gustav Landauer im Gespräch. Symposium zum 125. Geburtstag*, Delf, H./Mattenklott, G. (Hrsg.), Tübingen 1997.; Delf und Mattenklott haben dazu beigetragen, dass viele von Landauers Schriften nach diversen thematischen Aspekten gesammelt und neu veröffentlicht wurden. Dasselbe gilt für diverse Sammelbände mit Essays über Landauer. Vgl. auch das Literaturverzeichnis dieser Studie. Eine neue Komplettauflage aller Schriften Landauers nach bestimmten Kategorien ist von Wolf in Arbeit. Diese besticht des Weiteren durch eine Biblio- sowie Biographie. Vgl. Wolf, Siegbert: *Gustav Landauer Bibliographie*, Grafenau 1992 u. Wolf, Siegbert: *Gustav Landauer zur Einführung*, 1988 Hamburg.

[11] Vgl. Delf, Hanna: *"In die größte Nähe zu Spinozas Ethik". Zu Gustav Landauer Spinoza-Lektüre*, in: *Gustav Landauer im Gespräch. Symposium zum 125. Geburtstag*, Delf, H./Mattenklott, G. (Hrsg.), Tübingen 1997, S. 69-90.; Dubbels, Elke Kerstin: *Sprachkritik und Ethik. Landauer im Vergleich mit Spinoza*, in: *An den Rändern der Moral. Studien zur literarischen Ethik*, Kinzel, U. (Hrsg.),Würzburg 2008.

1.4 Methodik und Form

Was die spezifische Zielsetzung dieser vergleichenden Studie betrifft, so wird der grundlegende Versuch unternommen, das philosophisch-mystische Denken Landauers im Detail zu analysieren, um dadurch zu den relevanten Punkten seiner Ethik, als einer Ethik der Individualität und der Gemeinschaft, wie sie im Allgemeinen (siehe Kapitel 1.5) verstanden wird, zu gelangen. Der Vergleich mit der spinozischen Ethik im Sinne einer Übereinstimmung oder Divergenz folgt anhand der Ergebnisse, die sich durch die Rekonstruktion der Ethik Landauers erschließen. Dies geschieht bei Landauer im Speziellen durch eine ausführliche Analyse der relevanten Quellen nach hermeneutischer bzw. textimmanenter Methode. Außerdem soll der Versuch fruchtbar gemacht werden, Landauers mystisch orientiertes Gedankengut mit sprachwissenschaftlichen Mitteln zu lokalisieren. Am Rande findet auch der wirkungsgeschichtliche Rahmen und die kontextuelle Verortung Landauers im Zusammenhang mit seinen weiteren geistigen Anleihen Erwähnung. Was die Rekonstruktion von Landauers Ethik angeht, wird diese anhand seiner Briefwechsel mit zeitgenössischen Personen und seinen Hauptwerken bzw. einiger thematisch relevanter Schriften aus der Zeit seiner publizistischen Tätigkeit für den *Sozialisten* erfolgen.[12] Da Landauer sich in der Hauptsache auf Spinozas Werk *Ethica, ordine geometrico demonstrata (1677 posthum)* bezieht, bildet diese den Vergleichsgegenstand. Mittels dieser Primärquellen, auf die sich diese Studie hauptsächlich stützt, bauen die Einzelanalysen sowie der Vergleich und die Interpretation im Wesentlichen

---

[12] Der gesamte Briefwechsel aus Gustav Landauers Leben ist auf die *Gustav Landauer Collection im International Institute of Social History in Amsterdam* (GLAA) und *The Jewish National and University Library in Jerusalem* (GLAJ) verteilt. Im Zuge der Publikation und des Reprints ist der Briefwechsel in *Briefe I/II, Briefe LM, Briefe, franz.* und *BuBri I-III* eingeteilt (vgl. das Siglen- und Abkürzungsverzeichnis dieser Studie). Eine kritische Edition der Sammlung aller Briefwechsel von 1900 bis 1919 ist im Rahmen eines DFG-Projekts in Arbeit, aber noch nicht zugänglich. Freundlicherweise wurden mir von Dr. Jürgen Stenzel, unter dem Vorbehalt als Quellenangabe ausschließlich die Originalveröffentlichungen zu verwenden, die notwendigen Spinoza-Erwähnungen in Landauers brieflichen Korrespondenzen zur Verfügung gestellt. Es befinden sich darin 26 Spinoza-Erwähnungen mit unterschiedlicher Länge, die je nach thematischer Relevanz für diese Studie herangezogen werden sollen. Hinsichtlich der Hauptwerke werden bsd. *Skepsis und Mystik (1903), Die Revolution* (1907) und der verschriftlichte Vortrag *Durch Absonderung zur Gemeinschaft (1900)* zurate gezogen. Aus seiner Redaktionstätigkeit für die Zeitschrift *Der Sozialist (Organ des Sozialistischen Bundes)* sind für die vorliegende Studie bsd. die Schriften *Zur Entwicklungsgeschichte des Individuums (1896), Individualismus (1911)* und *Anarchismus – Sozialismus (1895)* relevant.

auf. Was die zentrale Thematik dieser Studie betrifft, so wird untersucht, wie die Begriffe Individualität und Gemeinschaft bei Landauer und Spinoza zu verstehen sind und in welchem Verhältnis sie zueinander stehen. So werden zunächst die Konzeptionen der Individualität und im Anschluss die erkenntnistheoretischen Voraussetzungen sowie die Diskrepanzen zwischen Determinismus und Willensfreiheit verglichen. In diesem Zusammenhang werden auch deren Relationen zur Affektivität eruiert. Schließlich werden die Gemeinschaftsideale Landauers und Spinozas nebeneinandergestellt.

1.5 Vorüberlegungen

Die Frage nach dem Individuum und dessen Eingebettetsein innerhalb eines gesellschaftlichen Gefüges ist in ihrem historisch-reflektierenden Diskurs an Brisanz und Bedeutung kaum zu überbieten. Eine erhebliche Pluralität von definitorischen und weiterführenden Ansätzen, die sich im Einzelnen notwendigerweise dem periodischen Wandel und der interdisziplinären Komplexität dieser Thematik beugen müssen, zeugen von der Diversität und Inklusion dieses schwierigen Verhältnisses, nicht nur – aber hauptsächlich – im geistes- und kulturwissenschaftlichen Kontext. Als Forschungsgegenstand per se sind der Beziehung zwischen dem Individuum und der Gemeinschaft ein Impetus zum kontinuierlichen Redefinieren bzw. Aktualisieren als auch eine natürliche Neigung zur Extensivität inhärent. Das liegt nicht zuletzt daran, dass jenes komplexe und umfassende Verhältnis ein zutiefst lebendiges und dynamisches ist, welches im humangeschichtlichen Topos immer wieder mit kritischer Absicht hinterfragt werden muss. Explizit gemeint sind gerade die vielschichtigen Prozesse der Tradierung und Konventionalisierung moralischer Gehalte und deren ethisch intentionales Umgestalten, ausgelöst durch das epistemisch orientierte Wahrnehmen ihrer Historisierungen und Transformationen innerhalb des gesamtgesellschaftlichen Pluralogs. So steht die Ethik durch die Verzahnung und Zirkulation ihrer applikativen und normativen Momente als Ingress par excellence für philosophische Diskussionen ausgeschrieben. Neben ihrer offensichtlichen Zielsetzung, dem gesellschaftlichen Management, schafft sie durch ihr deontisches Regulativ die notwendigen Limitierungen bzw. Rahmenbedingungen für die Selbstentfaltung des Individuums innerhalb seines jeweiligen gesellschaftlichen Nexus. Dass die ihr inhärenten Tendenzen zur Theoretisierung, ihre konkreten Umsetzungen durch die Legislative von Staatsapparaten, Dogmen bzw. Gebote in religiösen Systemen oder auch locker bis strikt gefasste Richtlinien der Sittlichkeit bzw. Handlungsmaximen einen asynchronen Versatz zu den realpragmatischen Gegebenheiten produzieren, liegt unter anderen an den diversen subversiven Elementen, die durch progressives oder auch regressives Entwicklungspotential den gesamtgesellschaftlichen Schauplatz kontrastieren und ihm entweder ein dynamisches oder mechanisches Äußeres verleihen. Gemeint sind Individuen sowie deren Gruppierung zu Interessengemeinschaften, die in ihrem Wirkungs- und Gestaltungsdrang Reibung erzeugen, was wiederum Kopplung sowie Resonanz und letztendlich Assimilation und Diversifikation im Sozialgefüge generiert. Die Selbst- und Fremdreflexion der Individuen auf ihr zeitliches, räumliches und relationales Sein öffnet nicht nur Tür und Tor für metaphysische und theologische Spekulationen, sondern entwirft auch gesellschaftliche und historische Typologien sowie Ideologien. Das dazugehörige Korrelat einer kritisch-analytischen Durchdringung realweltlicher Gesellschaftsstrukturen besteht eben aus einem Erkennen der Machtverhältnisse und deren Dispositionen mit allen ihren problematischen Erscheinungsformen. Dass dieses und das sich dahinter verbergende, zur Lösung determinierte Konfliktpotential obligatorisch kontroverse und zum Teil populistische Persönlichkeiten mit besonderem Sendungsbewusstsein auf den Plan rufen, scheint in der Natur der Sache zu liegen. Einer dieser schillernden Figuren – Gustav Landauer – sticht im *Fin de siècle* bis hin zu den katastrophalen historischen Begebenheiten der darauffolgenden Jahre nicht nur durch seine rege und kritische Beteiligung an den gesellschaftlichen und kulturellen Debatten seiner Zeit, sondern auch durch ein weites Spektrum sowie eine hohe Quantität an literarischen Produktionen immer wieder hervor.

1.6   Die Person Landauer und ihr gesellschaftlicher Kontext

Landauer, seines Zeichens Anarchist, gilt als einer der einflussreichsten Gesellschaftstheoretiker seiner Zeit. Seine innerjüdische Bedeutung sowie die Respektabilität seines kultur- und gesellschaftstheoretischen Schaffens fielen insbesondere innerhalb der Kibbuzim-Bewegung trotz seiner durchweg kritischen Sichtweise hinsichtlich der Zielsetzung des Zionismus auf fruchtbaren Boden. Bekannte Größen des jüdischen Geisteslebens, wie Martin Buber oder auch Gershom Scholem, betonten die Relevanz von Landauers kommunal orientierter Siedlungsutopie gerade im Zusammenhang mit seinem sozialistisch-anarchistischen Gedankengut für die Kibbuzim-Bewegung.[13] Als Kind einer jüdisch-bourgeoisen Kaufmannsfamilie leitete sich sein Selbstverständnis nicht nur aus einem stark säkularisierten Judentum ab, sondern zum größten Teil auch aus einem intellektuellen Weltbürgertum mit einem nationalen Verantwortungsgefühl.

Dass im jüdischen Gesellschaftszusammenhang dieser Zeit diese beiden identitätsstiftenden Momente bereits stark ineinander verflochten waren, ist bereit von Löwy geäußert worden. Dies, so folgert er, manifestierte sich im Gesellschaftstypus der „jüdischen Paria-Intelligenz"[14]. Er wiederum stützt sich bei dieser Namengebung auf eine soziologische Typologie von Max Weber. Gleichzeitig vollzog sich, ausgelöst durch die stark fortgeschrittene kulturelle Assimilation innerhalb des deutschen Judentums, ein Trend zur „kulturellen Anamnese, eine[r] religiöse[n] Anakulturation"[15]. Dieser Prozess der Rückführung beinhaltete die Wiederentdeckung verschiedenster jüdisch religiöser Traditionen, wurde aber erneut stark mit den bereits schon fixierten Elementen der Umweltkultur vermischt und kann als „(…) eine fremdartige Spiritualität, erzeugt durch das Licht der jüdischen Tradition, das durch ein Prisma deutscher Romantik gefiltert wurde."[16], definiert werden.[17]

Tatsächlich stimmt dieses sich im Wandel befindende jüdische Bewusstsein zu einem gewissen Teil auch mit Landauers Biographie überein. Allerdings findet es erst im späteren Verlauf seines Lebenswegs Aktivierung, initiiert durch die Freundschaft zu Martin Buber und dessen Schriften zur jüdischen Mystik. Auswirkungen auf seine Kultur- und Gesellschaftsphilosophie sucht man aber vergebens, wollte Landauer doch nichts von der Exklusivität der jüdischen Religionslehre wissen. Seine anfänglich negative Einstellung gegenüber dieser, weicht später einem Hochhalten des genuin jüdischen Bundesgedankens im Angesicht der Di-

---

[13] Zum Begriff der Siedlungsutopie bei Landauer sowie seine Relevanz für die Kibbuzim-Bewegung, vgl. Pfeiffer, Frank: „Mir leben die Toten…". Gustav Landauers Programm des libertären Sozialismus. Hamburg 2005, S. 73-93.

[14] Löwy, Michaël: Der romantische Messianismus Gustav Landauers, in: Gustav Landauer im Gespräch. Symposium zum 125. Geburtstag, Delf, H./Mattenklott, G. (Hrsg.), Tübingen 1997, S. 92.

[15] Ebd., S. 93.

[16] Ebd.

[17] Vgl. ebd., S. 92 f.

aspora, so wie er es glaubte wahrzunehmen und seinem Menschheitsideal zum Vorbild mach-te.[18] Sein eigenes Judentum sah er generell gleichrangig mit anderen Identifizierungen:

> (…) die Schickungen nehme und bin ich, wie sie sind, und mein Deutschtum und Ju-dentum tun einander nichts zuleid und vieles zulieb.[19]

Was das allgemeine Wiederaufleben des romantischen Ideals zu jener Zeit betrifft, so resul-tierte dieses aus einem Gefühl der Entwurzelung, hervorgerufen durch die erstarrten Gesell-schaftsstrukturen des wilhelminischen Zeitalters.[20] Landauers lebenslängliche Geringschät-zung des Letzteren, lässt sich durch folgendes Zitat aus *Vor Fünfundzwanzig Jahren* (1913) – einer erheiternden Reminiszenz an seine Gymnasialzeit – sehr gut skizzieren:

> (…) im Zeichen Fichtes hielt ich denn eine Rede über Friedrich Barbarossa, in der ich
> im schwarzrotgoldenen Geiste und unter feierlicher Anrufung des bei allen Schulmän-
> nern verpöntesten aller Dichter, Heinrich Heines nämlich, Vaterland, Einheit des Rei-
> ches und Revolution in eine überaus pathetische Gemeinschaft mit dem alten Staufen-
> kaiser brachte. Ich bekam denn auch im schnödesten Tone vor versammeltem Publi-
> kum eine scharfe Zurechtweisung von seiten des Direktors (…).[21]

Hieran ist gut zu erkennen, was Landauer von der damaligen im Verfall begriffenen Oberflä-chenkultur und ihrer patriotisch-pathetischen Mentalität hielt. Dieses steht auch gleichzeitig programmatisch für seine Selbsterwählung zum kritischen Volkspädagogen. Dass aber sein in die Tiefe zielender Leitgedanke ein genuin romantischer und kein idyllisiertes neuromanti-sches Derivat eines sich um die Jahrhundertwende ausbreitenden Kulturgeschehens war, woll-te Landauer auch genauso verstanden wissen.[22] Allerdings findet man dieses bei ihm nicht,

---

[18] Vgl. Landauer, Gustav: *Sind das Ketzergedanken?* in: *Gustav Landauer. Auch die Vergangenheit ist Zukunft. Essays zum Anarchismus*, Wolf, S. (Hrsg.), Frankfurt a. M. 1989, S. 199 u. Landauer, Gustav: *Zur Entwicklungsgeschichte des Individuums*, in: *Signatur: g.l., Gustav Landauer im „So-zialist". Aufsätze über Kultur, Politik und Utopie (1892-1899)*, Link-Salinger (Hyman), R. (Hrsg.), Frankfurt a. M. 1986.

[19] Landauer: *Sind das Ketzergedanken?*, S.212.

[20] Zum Phänomen des Romantizismus, vgl. Löwy, Michael/Sayre, Robert: *Figures of Romantic Anti-Capitalism*, in: *New German Critique*, Nr. 32, o.O. 1984, S. 42-92.

[21] Landauer, Gustav: *Vor fünfundzwanzig Jahren* (1913), in: *Gustav Landauer. Auch die Vergangen-heit ist Zukunft. Essays zum Anarchismus*, Wolf, S. (Hrsg.), Frankfurt a. M. 1989, S. 199.

[22] Vgl. Kauffeldt, Ralf: *Anarchie und Romantik*, in: *Gustav Landauer im Gespräch. Symposium zum 125. Geburtstag*, Delf, H./Mattenklott, G. (Hrsg.), Tübingen 1997, S. 47.

wie es sonst in der Neoromantik üblich war, als Surrogat für die realen soziokulturellen Konstellationen vor, sondern es fusionierte mit einem lebenspraktischen und naturalistischen Bezug, welcher sich noch in der Bewegung der *Neuen Gemeinschaft* rund um die monistisch zentrierten Brüder Julius und Heinrich Hart, deren anfänglicher Mitgestalter Landauer war, manifestierte.[23] Das *secundum naturam vivere* wurde als Credo in seiner doppelten Bedeutung gelebt und mit kulturellen und sozialistischen Ausgestaltungen geziert. Dass diese Bewegung nicht nur ein alternatives Gemeinschaftskonzept modellieren wollte, sondern auch kritische und kulturrevolutionäre Intentionen transportierte, spiegelt sich in dem zu dieser Zeit entstandenen, avantgardistischen Werk Landauers literarischen Schaffens *Durch Absonderung zur Gemeinschaft* (1900) wieder. Für Landauer gilt, dass diese Institution auch zum Ideenaustausch bzw. als Distributionsorgan sowie Begegnungsstätte diente. Gleichwohl nahm der Beginn des freundschaftlichen Verhältnisses zu Erich Mühsam und Martin Buber hier seinen Anfang.

1.7 Ganz im Sinne Spinozas

Dass der mystisch romantisierten Naturphilosophie, die innerhalb der Neuen Gemeinschaft gepredigt wurde, ein monistisch-esoterischer Unterbau durch die Brüder Hart integriert wurde, sorgte letztendlich für Landauers Absage an diesem Projekt. Diese Entscheidung Landauers zu Gunsten des von ihm vehement vertretenen spinozischen Parallelismus vollzog sich aus einer Ablehnung gegenüber jenem, als naiv empfundenen, geistigen Destillat heraus.[24]

---

[23] Vgl. Fink, Monika: *Sinnenwelt und Weltseele. Der psychophysische Monismus in der Literatur der Jahrhundertwende*, Tübingen 1993; oder vgl. auch Kauffeldt, Rolf: *Die Idee eines „Neuen Bundes" (Gustav Landauer)*, in: Frank, Manfred (Hrsg.): *Gott im Exil. Vorlesungen über die neue Mythologie*, Bd. 2, Frankfurt a. M. 1988, S. 131-179.; Für eine ausführliche Darstellung der Neuen Gemeinschaft und deren wirkungs- und ideengeschichtlichen Hintergrund, vgl. auch Flohr, Paul R./Susser, B.: *"Alte und neue Gemeinschaft": An unpublished Buber Manuscript*, in: *AJS Review*, Vol.1 (1975), S. 41-56; oder vgl. auch Cepl-Kaufmann, Gertrude/Kauffeldt, Rolf: *Berlin-Friedrichshagen. Literaturhauptstadt um die Jahrhundertwende. Der Friedrichhagener Dichterkreis*, o.O. 1994.

[24] Vgl. Delf, Hanna: *"In die größte Nähe zu Spinozas Ethik"*. Zu Gustav Landauer Spinoza-Lektüre, in: *Gustav Landauer im Gespräch. Symposium zum 125. Geburtstag*, Delf, H./Mattenklott, G. (Hrsg.), Tübingen 1997, S. 80 f.; Dieses innerhalb der Philosophiegeschichte bekannte Phänomen des spinozischen Parallelismus bezieht sich auf den folgenden Lehrsatz in Spinoza: *Ethik*, Teil III, Lehrsatz 2, Beweis u. Anmerkung.

Zwei Äußerungen aus *Skepsis und Mystik*, seinem wohl philosophischsten und innovativsten Werk, stehen stellvertretend:

> Spinoza hat es schon gesagt, wenn es auch durch die stumpf geschliffenen Brillen der Spinozisten [hier explizit gemeint: Monisten] meistens nicht durchgegangen ist: die Welt kann physisch vollkommen ausreichend erklärt werden und braucht das Psychische gar nicht erst zu bemühen (...).[25]

Sowie:

> Nur muß man dann alles materiell auffassen und vom Psychischen ganz abgesehen; denn eine Vermischung der beiden Bereiche geht nicht an; insofern man niemals die Entstehung des Psychischen aus der Materie wird begreiflich machen können. Das hat schon Spinoza gewußt.[26]

Die Observation, dass Spinoza im Denken Landauers einen weiten Raum einnahm, ist, wie bereits zu Beginn expliziert, in der Pionierstudie *In die größte Nähe zu Spinozas Ethik* von Delf erstmals im größer angelegten Format vorgenommen worden. Sie führt auch den Beweis an, dass Landauers Interesse an der spinozischen Philosophie schon in jungen Jahren durch sein jüdisches Kindheitsmilieu im schwäbischen Buttenhausen rund um den sozialistischen Spinozaforscher Jakob Stern initiiert wurde.[27] Aufgrund Landauers späteren Studiums der Philosophie als auch seiner autodidaktischen Beschäftigung mit der Geschichte der Philosophie ist davon auszugehen, dass er auch andere Spinoza-Rezeptionen kannte. Dazu gehören insbesondere die Überlieferung und Interpretation durch den Romantizismus und vor allem den Klassizismus. Besonders evident sticht dieses in der Spinoza-Lektüre Goethes hervor, als dessen profunder Kenner sich Landauer auszeichnete.[28] Beim Blick auf den biographischen Kontext Landauers und seinen philosophischen Imprägnierungen exponiert außerdem sein

---

[25] Landauer, Gustav: *Skepsis und Mystik. Versuche im Anschluss an Mauthners Sprachkritik*, Münster/Wetzler 1978, S. 50.

[26] Ebd., S. 11.

[27] Vgl. dazu seine Äußerung in: Landauer: *Vor fünfundzwanzig Jahren*, S.201; sowie die Ausführungen von Delf mit dem Verweis in Delf: *"In die größte Nähe zu Spinozas Ethik"*, S. 71.

[28] Vgl. Mattenklott, Gert: *Landauers Goethe-Lektüre*, in: *Gustav Landauer im Gespräch. Symposium zum 125. Geburtstag,* Delf, H./Mattenklott, G. (Hrsg.), Tübingen 1997, S. 55-68.

ausgedehntes Interesse an den Theorien Nietzsches und Schopenhauers, die ihrerseits, was Landauer sicherlich nicht unbekannt war, Spinoza in genuiner Weise rezipiert haben. Für Landauer und seiner lebenslangen Beschäftigung mit Spinoza müsste sich in Anbetracht dessen eine gewisse Omnipräsenz des spinozischen Phänomens offenbart haben, was deutlich Niederschlag in seinen Schriften als auch in seinen Briefwechsel mit zeitgenössischen Persönlichkeiten fand. Exemplarisch für seine Versiertheit steht, dass er es war, der an der Korrektur des *Spinoza-Büchlein* seines Freundes Fritz Mauthner maßgeblich mitwirkte.[29] Delf observiert hierzu anekdotisch:

> Angesichts seiner Kenntnis der Quellen und Abbildungen nennt sich Mauthner bescheiden einen „Botokuden" (…).[30]

Auch erteilte Landauer der Schriftstellerin Auguste Hauschner – der Cousine Fritz Mauthners – Privatunterricht, der als Grundlage Spinoza zur Lektüre hatte, wie aus einem Briefwechsel mit dieser vom 29.03.1900 hervorgeht.[31] So blieb Spinoza für Landauer bis zum Lebensende ein imaginärer Weggefährte, Lehrer und, ähnlich wie bei Goethe, der Inbegriff des sprichwörtlichen Fels in der Brandung.

---

[29] Vgl. Delf: *"In die größte Nähe zu Spinozas Ethik"*, S. 82.; Zu Mauthners Spinoza-Rezeption vgl. auch: Mauthner, Fritz: *Spinoza, von Fritz Mauthner*, Leipzig 1906.

[30] Delf: *"In die größte Nähe zu Spinozas Ethik"*, S. 82.

[31] Vgl. ebd.; Delf wies bereits hierauf hin. Sie bezieht sich dabei auf einen Brief vom 29.3.1900, in: Beradt, Martin/Bloch-Zavrel, Lotte (Hrsg.): *Briefe an Auguste Hauschner*, Berlin 1929, S.51.

2. Kapitel

Die Konstituierung der Individualität

2.1 Das Individuum als Begriff

Landauer Definition des Begriffs Individuum beginnt mit der Herleitung der etymologisch-lexikalischen Bedeutung, welche er begründet ablehnt. In jener Bedeutung ist dieser Begriff für ihn, entsprechend seiner sprachkritischen Theoriezentrierung, in einem absoluten Zusammenhang nicht real, sondern ein Konstrukt des Denkens und schlussfolgernd ein bloßes Sprachgebilde. Die sich dahinter verbergende Bedeutung eines Unteilbaren besitzt in der Wirklichkeit keine Entsprechung. Sie ist lediglich Hypothese der Wissenschaft und dient in ihrer Applikation als genormte Bezugsgröße allein dem menschlichen Lebensbereich der Bequemlichkeit und des Fortschritts. Folgerichtig erkennt Landauer bezogen auf den Menschen in diesem Begriff zudem die Möglichkeit einer Rechtfertigung zur moralischen Selbstbezüglichkeit, die nicht mit der Theorie einer absoluten und innerweltlichen Kausalverkettung, wie er sie vertritt, in Vereinbarung zu bringen ist und im Weiteren einen Trend zum Solipsismus fördert. So ist für Landauer die unbedingte Relationalität und Teilbarkeit allen Seins eine philosophische Selbstverständlichkeit. Die Eigenschaft zur infiniten Teilbarkeit ist dem Seienden – in Landauers gedanklich-logischer Beschauung – somit inhärent. Daraus folgt, dass das konkrete Individuum als Mensch ein Teilgebilde ist. Sein Plädoyer fällt zu Gunsten einer weniger strikt gefassten Definition des Begriffs Individuum unter Ausklammerung der etymologischen Herkunft aus, um die allgemeinsprachliche Bedeutung neuzufassen und so einen weniger abstrakten Bezug zu vermitteln. So propagiert Landauer eine Theorie der Zusammengesetztheit des Individuums, welche deckungsgleich mit dem Begriff Organismus ist und Lebendigkeit aufweist.[32] Er konstatiert dieses wie folgt:

> Um unsere Definition zu vervollständigen, muß hinzugefügt werden, daß das aus vielen Teilen bestehende Ganze, das Individuum genannt wird, mit der rätselhaften, aber

---

[32] Vgl. Landauer, Gustav: *Zur Entwicklungsgeschichte des Individuums*, in: *Signatur: g.l., Gustav Landauer im „Sozialist". Aufsätze über Kultur, Politik und Utopie (1892-1899)*, Link-Salinger (Hyman), R. (Hrsg.), Frankfurt a. M. 1986, S.324 ff.

uns allen innig vertrauten Eigenschaft begabt ist, die wir *Leben* nennen. Der Begriff Individuum ist also gleichbedeutend mit Organismus.[33]

Als „Funktion und Erscheinungsform des unendlichen Universums"[34] fasst Landauer das Individuum nur in seiner Relation zu anderen Individuen als ein Substanzielles auf. Die daraus folgende Implikation verweist auf die Unmöglichkeit eines unteilbaren, isolierten Individuums und verbannt die Möglichkeit eines solchen in den Bereich der sprachlich-gedanklichen Abstraktion.[35] Im Falle des nach Landauer adäquateren Verständnisses scheint sich ein ineinander verschachteltes, aus Individuen bestehendes Netzwerk von Gemeinschaften zu ergeben. Diese bilden sich wiederum innerhalb immer noch größerer Gemeinschaften mikroskopisch ab. Das Individuum als zumindest unbestimmte Größe begreift Landauer ebenfalls als eine Art Gemeinschaft, welche aus vielen kleinen Teilen besteht und deren makroskopisches Abbild sich mit dem Individuum darstellt. Die Endlichkeit der konkreten Individuen nun ist die Bedingung für die zeitlich-progressive Transformation von kausal zueinander in Relation stehenden Gemeinschaften, die allerdings erst durch jene Individuen ihre vorübergehenden Konstituierungen erhalten.[36] Landauer formuliert diese Einsicht in *Skepsis und Mystik* (1903) so:

> (…) vielmehr sind umgekehrt die Individuen nur Erscheinungsformen und Durchgangspunkte, elektrische Funken eines Großen und Ganzen.[37]

Dass dieser Gedanke zentral ist, beweist ein weiteres Zitat aus seinem früheren Werk *Zur Entwicklungsgeschichte des Individuums* (1896):

> (…) die einzelnen Menschen sind nur die auftauchenden, wandelbaren und wieder verschwindenden Schattenbilder, durch welche die Menschheit sichtbar wird.[38]

Er reichert diese unweigerliche Endlichkeit des Individuums und seiner Verortung innerhalb eines „Zwang und Bann[s] der Köpergemeinschaften"[39] mit einem Hoffnungsmoment an,

---

[33] Ebd., S. 325.
[34] Landauer: *Skepsis und Mystik*, S. 7.
[35] Vgl. Landauer: *Zur Entwicklungsgeschichte des Individuum*, bsd. Teil II, S. 328 ff.
[36] Vgl. ebd.
[37] Landauer: *Skepsis und Mystik.*, S. 13.
[38] Landauer: *Zur Entwicklungsgeschichte des Individuums*, S. 328.

indem er dem Individuum einen Fortbestand durch sein Wirken und seinen Werken zusichert. Landauers Auffassung von Unsterblichkeit zufolge manifestiert sich diese durch eine Weitergabe von Essenzen, welche in allen Bereichen des Seins stattfindet. In einem allzu streng biologistisch-physiologischen Sinn, obgleich er die Bejahung und Definität der Körperlichkeit betont, will er dies aber nicht aufgefasst wissen, hielt er doch von der materialistischen Wissenschaft und ihrem Drang zur Annexion bzw. Beanspruchung aller Phänomene sowie dem damit einhergehenden technischen Entwicklungsenthusiasmus wenig.[40] So bezog er auch Zeit seines Lebens eine eher wissenschaftsskeptische Position, die sich aus seiner erkenntniskritischen und auch mystisch-introspektiven Haltung herleiten lässt.[41]

Diese Grunddefinitionen vom Individuum langen bereits weit in den spinozischen Kosmos hinein, sieht doch Spinoza das Individuum ebenfalls explizit als ein Zusammengesetztes und Verursachtes. Ausgeschrieben als ein endlich begriffener Modus, der sich durch Teilhabe an zwei Attributen, nämlich Ausdehnung und Denken, definiert, hat das Individuum seinen kausalen Bezug strikt innerhalb der selbstbezüglichen und immanenten Substanz. Es erlebt sich selbst nur durch den ihn bestimmenden Modus der Individualität als wirklich und verwirklichend (der Mensch als Modus von Modi). Das Individuum partizipiert somit an dem unendlichen und mannigfaltigen Potential der Substanz eben wegen seiner Teilhabe, oder besser gesagt, seinem *Teil*-Sein mit dieser.[42] Diese strikte und unbedingte Zugehörigkeit wird sowohl von Landauer als auch von Spinoza als notwendig gedacht und begründet bekanntlich bei Spinoza die Immanenz allen Seins als das Sein der Substanz.

2.2   Der Wahrheitsbegriff

Wo bei Spinoza allerdings ontologische Prämissen das Individuum mit Hilfe des Substanzbegriffs deduzieren, so fehlt dieser Vorgang bei Landauer formal. So scheint Landauer

---

[39] Ebd., S. 332.

[40] Vgl. ebd., S. 328-331.

[41] Vgl. Dubbels, Elke Kerstin: *Sprachkritik und Ethik. Landauer im Vergleich mit Spinoza.*, in: *An den Rändern der Moral. Studien zur literarischen Ethik*, Kinzel, U. (Hrsg.),Würzburg 2008, S. 103-115.

[42] Vgl. Spinoza, Baruch de: *Die Ethik nach geometrischer Methode dargestellt*, Lateinisch-Deutsch, Bartuschat, W. (Übers.), Sämtliche Werke Bd. 2, PhB 92, Hamburg 2010, Teil I.; Anmerkung: Die genauen Einzelnachweise erfolgen in den jeweiligen Kapiteln zu den jeweiligen Theorieteilen.

sich ausschließlich auf die Wahrnehmung der Subjekte zu beschränken, welche selbst Wahrheiten für einen begrenzten Zeitraum entwerfen und keine Möglichkeit zur objektiven Erkenntnis besitzen. Ein Zitat aus *Die geschmähte Philosophie* (1893) verdeutlicht seine Einstellung diesbezüglich:

> Es gibt überhaupt nicht das Ding, das man „die Wahrheit" nennt. Es gibt in der Welt wirklich nur Meinungen, die man vorübergehend, 10, 100, 1000 Jahre Wirklichkeit nennen kann, die aber deshalb doch Produkte des menschlichen Hirns bleiben und dieses hat sich bekanntlich bisher stetig verändert und wird es in Zukunft nicht anders halten. (…) Alles, was die Menschheit bisher noch für wahr gehalten hat, hat sich nachträglich als falsch herausgestellt (…).[43]

Auch in einem späteren Zitat aus *Skepsis und Mystik* bleibt diese Stellungnahme in einem anderen Bezug, aber synonymen Sinn, erhalten:

> Nicht mehr absolute Wahrheit können wir suchen, seit wir erkannt haben, daß sich die Welt mit Worten und Abstraktionen nicht erobern läßt.[44]

So scheint es, dass von Landauer im Gegensatz zum spinozisch absoluten Wahrheitsanspruch nur eine relative Wahrheit affirmiert wird. Landauer nimmt hier zudem eine sprachnihilistische Position ein, die typisch für sein frühes Schaffen ist und später stärker einer mystischen Ontologie weichen muss, die ihrerseits einen künstlerischen Kreativ hochhält. Diesen letztgenannten Tatsachenbestand analysiert Dubbels in ihrem Essay *Sprachkritik und Ethik. Landauer im Vergleich mit Spinoza*. Das Ergebnis ihrer Analyse lautet, dass Spinozas Ontologie bei Landauer „sprachkritisch gebrochen erscheint, um diese auf eine sprachpoetische Ebene"[45] zu überführen.

Eines kann bereits jetzt als Vermutung vorausgeschickt und damit als untergeordnete Zweitthese formuliert werden. Landauers Ethikkonzeption erfolgt aus einer anderen Intention heraus, die sich nicht die Last eines spinozischen Absolutheitsanspruchs im Sinne seines promi-

---

[43] Landauer, Gustav: *Die geschmähte Philosophie*, in: *Signatur: g.l., Gustav Landauer im „Sozialist". Aufsätze über Kultur, Politik und Utopie (1892-1899)*, Link-Salinger (Hyman), R. (Hrsg.), Frankfurt a. M. 1986, S. 275.
[44] Landauer: *Skepsis und Mystik*, S. 49.
[45] Dubbels: *Sprachkritik und Ethik*, S. 108.

nenten Satzes „sic veritas norma sui et falsi est"[46] aufbürdet lassen will. Diese Zweitthese bietet sich an spätestens im dritten Kapitel, wo die erkenntnistheoretischen Positionen beider Denker Gegenstand der Betrachtung sind, wiederaufgegriffen zu werden.

2.3 Ontologie bzw. Metaphysik

Eine gewisse Stringenz bzw. Genauigkeit bezüglich der Frage, wie das Sein an sich konstituiert ist und es beispielsweise in Spinozas Ethik Antwort findet, sucht man in Landauers Philosophie allerdings vergebens. Da sein theoretisches Gesamtkonzept sich eher als Gesellschaftsphilosophie versteht, kann man nur lose Fragmente eines ontologischen Definitionsversuchs ausmachen. Betrachtet man eben diese Fragmente, so weisen sie bei Landauer vermehrt eklektische Färbung auf. Aufgrund seiner breit gefächerten philosophischen Bildung kann man nicht mit Sicherheit sagen, welche Färbung auf welche konkrete Strömung verweist. [47] So könnte sein Konzept des „mystischen Anarchismus"[48], wie es bis Weilen in der akademischen Fachliteratur bezeichnet wurde, auch als Mittel zur Flucht vor einer eindeutigen Stellungnahme dienen.

In diesem Zusammenhang kommt Landauers Lektüre und der damit verbundenen Übersetzungsarbeit der Schriften des Mystikers Meister Eckhart eine besondere Bedeutung zu. Zu diesem sich nun offenbarenden Verhältnis aus spinozischer Metaphysik und der Mystik im Geiste Meister Eckharts setzt Landauers Anarchismus die Eigenart hinzu. Um diesen Komplex begreiflich zu machen, bedarf es einer kurzen Skizzierung der ontologischen Grundbegriffe des spinozischen Systems sowie einer anschließenden Erläuterung des spezifischen Zugriffs Landauers auf die Mystik-Konzeption Eckharts.

---

[46] Ebd., S. 186.

[47] Vgl. auch seine extensiven Ausführungen zur Philosophiegeschichte in Landauer: *Skepsis und Mystik*.

[48] Vgl. Maurer, Charles Bene: *Call to revolution. The mystical anarchism of Gustav Landauer*, Detroid 1971.

2.3.1 Parallelismus und Gott

Spinoza konstruierte bekanntlich seine Ethik als Metaphysik aus einem Guss, in welcher er das Sein an sich – gleichbedeutend mit Gott, Natur oder Substanz – als selbstbezüglich und einzig definiert und jedes Noumenon und Phänomen daraus mittels deduktiver Technik und mathematisch-geometrischen Gleichnissen ableitet.[49] Drei spinozische Gedankeninhalte nehmen in diesem Zusammenhang einen besonderen Stellenwert ein. Zum Ersten wird in der spinozischen Lehre vom Sein, oder treffender formuliert, die Lehre von der Substanz und seinem Sein, eben diese Substanz als einzig, ewig, notwendig existent, unendlich, unteilbar, selbstbezüglich, verursachend, mit unendlicher Macht bzw. Potential ausgestattet und in strenger Notwendigkeit zu ihrer Natur agierend, gedacht.[50] Zum Zweiten beinhaltet sie unendlich viele und zeitlich unbegrenzte Attribute, durch welche sie sich selbst zu erkennen gibt und sich realisiert.[51] Zum Dritten selbstaffiziert sie sich in ihren Attributen, was Spinoza als verursachte unendliche Modi bezeichnet.[52] Als Bündel oder auch endlicher Modus bestimmter unendlicher Modi der Attribute der einen Substanz entspricht der Wesenheit des Menschen explizit keine ontologische Ähnlichkeit mit der Substanz.[53] Zwei Attribute, die auf das Individuum als Mensch – auch die menschliche Seele – zutreffen oder an denen es in einer bestimmten Art und Weise partizipiert, sind das Attribut der Ausdehnung und das Attribut des Denkens.[54] Im Attribut des Denkens ist der Mensch eine reale Vorstellung, hervorgerufen durch die generelle Vorstellung einer real existierenden Entität innerhalb der gedachten Vorstellungswelt der Substanz.[55] Als bestimmt Gedachtes der Substanz wird dem Menschen nicht nur seine Körperlichkeit als generelle Vorstellung einer solchen zu erkennen gegeben, son-

---

[49] Die Begriffe Noumenon und Phänomen werden innerhalb dieser Arbeit nach der platonischen Definition verwendet.

[50] Die Aufreihung der Eigenschaften geht aus folgenden Lehrsätzen des ersten Teils der Ethik hervor. Die Auflistung der Lehrsätze erfolgt an dieser Stelle nach genau derselben Ordnung der Aufreihung der Eigenschaften von oben. Vgl. Spinoza: *Ethik*, Teil I, Lehrsatz 14, Lehrsatz 19, Lehrsatz 11, Lehrsatz 8, Lehrsatz 13, Lehrsatz 16 u. Folgesatz 2, Lehrsatz 16 u. Folgesatz 2, Lehrsatz 34, Lehrsatz 17.

[51] Vgl. ebd., Teil I, Lehrsatz 11 u. 19

[52] Vgl. ebd., Teil I, Lehrsatz 22 u. 23.

[53] Vgl. ebd., Teil II, Lehrsatz 10 u. 15.

[54] Vgl. ebd., Teil II, Lehrsatz 21

[55] Vgl. ebd., Teil II, Lehrsatz 9 u. 11.

dern sie konstituiert sein Wesen gleichzeitig.[56] Die Vorstellung vom Menschen eine Körperlichkeit zu besitzen, muss sich wiederum als Modifikation des Attributs der Ausdehnung äußern.[57] Hier tritt das in der Spinoza-Rezeption bekannte Phänomen des Parallelismus der Attribute in konkreter Erscheinung auf. Den Parallelismus der Attribute, wie er in Spinozas System auftaucht, übernimmt Landauer dogmatisch und exzessiv. Zwei weitere Zitate dienen zusätzlich zu den zwei am Anfang bereits erfassten als Verdeutlichung (siehe Kapitel 1.8):

> (…) [Ich] halte mich einstweilen an das, was Spinoza von den zwei Attributen sagt, die zweierlei sind und bleiben, nicht obwohl, sondern weil sie (aber erst im Substanziellen) das Selbe sind.[58]

Das zweite Zitat sagt das Gleiche aus, konkretisiert aber die Abstraktion des vorherigen Zitats:

> Weder kann man sagen, daß die Seele den Leib beherrscht, noch umgekehrt, und ebensowenig ist es richtig, daß z.B. das Hirn die Ursache des Denkens sei, vielmehr sind, wie schon Spinoza zuerst mit Klarheit erkannt hat, Leib und Seele, Hirn und Geist, zwei ganz und gar, von Grund auf verschiedene Erscheinungen derselben Sache, (…)[59]

Hieran ist ebenso ersichtlich, dass es sich auch bei Landauers Interpretation nicht um einen naiven Dualismus handelt, sondern eben ganz im Sinne Spinozas um einen Parallelismus der Attribute.

Mit seinem Substanzbegriff als unentbehrliche Grundlage seiner weiteren Ausführungen zeichnet sich Spinoza besonders in der Folge des Spinozastreits traditionell als religiöser Denker aus, referiert doch seine monumentale Ethik ausdrücklich auf den Begriff *Deus*.[60] In der philosophie- und theologiegeschichtlichen Interpretation vollzog sich ein Wandel vom spinozischen Atheismus zum spinozischen Pantheismus. Die Formel *Deus sive natura* steht dafür programmatisch, als auch die daraus entstehende Möglichkeit einer subjektiv alternierenden Verwendbarkeit der Formel, die sich auch Landauer zunutze macht. Den philosophie-

---

[56] Vgl. ebd., Teil II, Lehrsatz 13.
[57] Vgl. ebd., Teil II., Lehrsatz 7 u. 21.
[58] Brief an Constantin Brunner vom 10.03.1908, Hermsdorf b. Berlin, Original in GLAA 84/39.
[59] Landauer: *Zur Entwicklungsgeschichte des Individuums*, S. 337.
[60] Vgl. Schmoldt, Hans: *Der Spinozastreit*, Berlin 1938.

und theologiegeschichtlichen Hintergründen der Atheismusvorwürfe an Spinoza scheint sich Landauer bewusst zu sein. In seiner Pro-Position für Spinoza erkennt er die Vorwürfe an Spinozas Substanzkonzeption und -terminologie als Missverständnis, da sie zumeist aus Verpflichtung gegenüber nicht hinterfragten, sprachrealistischen Traditionen herrühren. So führt er, wie es auch in Spinozas *Theologisch-Politischen Traktat* vorzufinden ist, für den konkreten Fall ein Argument zu Felde, was sowohl den Anthropomorphismus als auch den unreflektierten Sprachrealismus in Bezug auf Gott kritisiert:

> Es wird gedankenlos nach den Lehren der Vorväter angenommen, hinter der ewigen und unendlichen Welt, oder über ihr, oder in ihr wohne oder throne oder stecke ein vollkommenes Wesen, das sich selbst, oder dem der Mensch den Namen Gott beilegt. Legt er sich selbst den Namen bei, dann denkt er mit menschlichen Sprachbegriffen, ist also nicht vollkommen, weil menschlich. Höret er aber auf den von Menschen gemachten Namen und läßt sich sein Wille ausdrücken in der menschlichen Sprache, etwa in den zehn Geboten, dann ist er wiederum menschlich, also nicht vollkommen – also kein Gott.[61]

In einer weiteren Erklärung Landauers, die Elemente des polarisierenden Denkens Max Stirners zum Vorbild nimmt, sticht die sprachkritische Zentrierung bezüglich des allgemeinen Gottesverständnisses durch folgende Argumentation deutlich hervor[62]:

> (...) und spät erst traute man sich an den uralten Gottesbegriff selbst. Und Stirner schon ist einen Schritt weiter gegangen. Es ist beinahe die Quintessenz seiner Lehre in Worten, die er nicht gerade so ausgesprochen hat, enthalten: „Der Gottesbegriff ist zu bekämpfen. Aber nicht Gott ist der Feind, sondern der Begriff.".[63]

Zu Gunsten einer pantheistischen Lesart Spinozas im Sinne *Deus sive natura* plädiert Landauer somit in jedem Fall, nur ist der Prozess der Vergöttlichung der Natur und damit die

---

[61] Landauer, Gustav: *Etwas über Moral*, in: *Signatur: g.l., Gustav Landauer im „Sozialist". Aufsätze über Kultur, Politik und Utopie (1892-1899)*, Link-Salinger (Hyman), R. (Hrsg.), Frankfurt a. M. 1986, S. 280.

[62] Zum geistigen Verhältnis zwischen Stirner und Landauer, vgl. Schuchardt, Andre: *Stirner und Landauer – das ungleiche anarchistische Paar: Individuum über Alles oder Nichtigkeit des Individuums?*, Grin: o. O. 2009.; Stirners Position fällt innerhalb der Philosophiegeschichte auf einen reinen Solipsismus.

[63] Landauer: *Zur Entwicklungsgeschichte des Individuums*, S. 345.

„Entgöttlichung" Gottes bei ihm bereits abgeschlossen. Gott ist Welt geworden und darüber hinaus zu einem bloßen Signifikant verkommen. Sein Inhalt – in dieser Formulierung also Signifikat – ist etwas Über-Göttliches und erfährt bei Landauer innerhalb seines mystischen Anarchismus, wie an späterer Stelle expliziert werden soll, vielfältige Identifizierungen. Somit findet sich bei Landauer die spinozische Formel aufgelöst und hinterlässt eine Leere, deren Wiederauffüllung er im Anschluss bereitwillig vornimmt.

2.3.2 Landauers Mystik

Die Referenz aller ontologischen Definitionen auf Gott als Urgrund, wie es von Spinoza appliziert wird, findet sich also bei Landauer auf diese Weise nicht vor. Ebenso wird Gott bei ihm als Begriffsspiel entlarvt. Im Sinne eines substanziellen Absoluten, und hier offenbart sich Landauers Substanzderivat, ist bei ihm die Rede von Ewigkeit und auch Unendlichkeit, die allerdings so als Eigenschaften bei Spinoza strikt an die Substanz gebunden sind. Es sieht also aus, als ob Landauers besagte Ewigkeit dem substanziellen Absoluten den Rang streitig machen würde.

Ein weiteres Zitat aus *Skepsis und Mystik* bringt Landauers mystisch inspirierte Vorstellungen über das Sein an sich zum Vorschein und zeichnet folgendes Ausgangsbild:

> Der Lauf des Entwicklungsstromes kommt aus der Quelle, die in der Ewigkeit entsprungen ist (...). [64]

In diesem Sinne ist die Quelle selbst das „Kind der Ewigkeit" und steht in parentaler Relation zum „Lauf des Entwicklungsstromes". Zumindest scheint die syntaktisch-semantische Struktur dies zu implizieren. Was nun aber ist nach Landauer diese Quelle? Was ist der „Lauf des Entwicklungsstromes" und wie definiert er Ewigkeit? Bevor sich diese Fragen beantworten lassen, lohnt sich ein tieferer Einblick in die Problematik der Ewigkeit, wie sie sich für Landauer als solche stellt. Ein bestimmtes Raum-Zeit-Gefüge bildet die Grundlage für diese Mystik.[65] Für die Ewigkeit auf der einen Seite gilt, „(...) daß die Ewigkeit auch [Das Wort *auch*

---

[64] Landauer: *Skepsis und Mystik,* S. 19.
[65] Vgl. Willems, Joachim: *Religiöser Gehalt des Anarchismus und anarchistischer Gehalt der Religion. Die jüdisch-christlich-atheistische Mystik Gustav Landauers zwischen Meister Eckhart und Martin Buber*, Albeck bei Ulm 2001., S. 104-110.

scheint hier *kein Anspruch auf Ausschließlichkeit* zu implizieren.] ein zeitlicher Verlauf ist (…)"[66] und wird von Landauer erst einmal so ausgeschrieben, um von ihr alles räumliche Begreifen fernzuhalten. Sein Anliegen zielt darauf ab, dass Zeitideen wie Vergangenheit, Gegenwart und Zukunft im Prinzip räumliche Maßeinteilungen der Zeit sind. Auf der anderen Seite ist das Prinzip Raum Begrenzung und bricht, wenn in Zusammenhang mit der Ewigkeit gebracht, somit die Ewigkeit in Teileinheiten und macht sie dadurch endlich, denn „Der Raum ist es, der uns die Zeit zerspalten hat (…)".[67] Auch „wenn wir den Versuch machen, die absolute Zeitlosigkeit herzustellen, den Verlauf der Zeit aufzuheben, und Vergangenheit, Gegenwart und Zukunft als eine Art stehenbleibende Gleichzeitigkeit zu gewahren (…)[68], ist dieser Vorgang immer noch ein räumliches Begrenzungen und würde dadurch die „Ewigkeit in uns"[69] verfälschen.[70] Lässt man diese Aussagen Landauers erst einmal so für sich stehen, so weist er hier darauf hin, dass die zeitliche Wahrnehmung des Menschen maßgeblich mit der räumlichen verknüpft ist und stellt darüber hinaus die Behauptung auf, dass es die Raumkategorien in der Wahrnehmung des Menschen sind, welche die Ewigkeit erst zeitlich werden lassen. Hier nun schon erhärtet sich der oben geäußerte Verdacht und enthält implizit eine zusätzliche Schwierigkeit, die ihn schon formal stützt. Einmal wird die Ewigkeit von Landauer hier als ursprünglich gedacht und kann als ein Derivat für eine absolute Substanz im spinozischen Verständnis herhalten, taucht doch auch in keiner seiner Werke eine kontrastierende Behauptung auf. Zum anderen Mal kann von Landauer das Inhaltliche des Begriffs der Ewigkeit als ein über das Areal des Verstands hinausreichendes nicht weiter hinterfragt werden. So muss er schlussfolgernd die Ewigkeit a priori und absolut denken; deren Erkennbarkeit er nur als Aufforderung zur Erfahrbarkeit verstehen kann, die in den Bereich der Praxis verweist.[71] Im künstlerischen Ausdruck allein soll sich mittels der Konstruktion von sinnlich-symbolischen Metaphern eine unvollkommene Annäherung an sie vollziehen lassen.[72]

Als aber ein vom Menschen nur unvollkommen Denkbares, begreift die Ewigkeit an sich die „Ewigkeit in uns" mit ein. Das *Uns* wiederum ist ein selbstbezügliches und mengenva-

---

[66] Landauer: *Skepsis und Mystik*, S. 15.
[67] Ebd., S. 20.
[68] Ebd., S. 15.
[69] Ebd., S. 20.
[70] Vgl. ebd., S. 1-21.
[71] Vgl. ebd. S. 3.
[72] Vgl. ebd. S. 48 f.

riables Reflexivpronomen, das auf einen Plural an *Ichs* rückverweist. Dazu tritt nun hinzu, dass die Welt mit dem *Ich* in seiner superlativen Form, der Individualität, zusammenfällt:

> Ich bin die Ursache meiner selbst, weil ich die Welt bin. Ich bin die Welt, wenn ich ganz ich bin.[73]

Führt man die vorhergehenden Aussagen Landauers zusammen, so kann nur das *Ich* als die „*Ichs* als *Uns*" die Quelle sein und beantwortet die oben gestellte Frage nach ihrer Identität. Dubbels weist an dieser Stelle berechtigt darauf hin, dass hier die Versuchung besteht, Landauer einen „vulgär pantheistischen Pathos"[74] beizuordnen.[75] Jedoch ist das *Ich* als Stellvertreterposition des *Uns* zu verstehen und wird nur in dieser Lesart als Quelle aus der Ewigkeit identifiziert. So beschreibt es nicht das konkrete Individuum selbst, sondern die Individualität, welche die Begriffe Individuum und Gemeinschaft in einem *Ich-Uns*-Verhältnis zusammenfasst, wie es von Landauer an anderer Stelle in präziserer Formulierung vorgetragen wird:

> Denn diese in der Abgrundstiefe wurzelnde Individualität – das ist eben schon die Gemeinschaft, das Menschtum, das Göttliche.[76]

Oder:

> Und noch mehr Gemeinschaft, noch allgemeiner, noch göttlicher, noch individueller sind wir, sofern uns das angebliche Unorganische, das Unendliche, das Weltall selbst einverleibt ist. Nur das unendliche All, die naturende Natur, der Gott der Mystiker, kann (…) Ich zu sich sagen.[77]

Landauer platziert nun auf den zuvor durch Negierung aller Begriffswirklichkeit, die selbst vor dem Begriff Gott nicht Halt macht, „entleerten Stuhl Gottes"[78] die Individualität in ihrem weltenkonstituierenden Dasein, welche wiederum das Individuum in seinem strengen *Teil-Sein* innerhalb der Gemeinschaft miteinbegreift. So kann eine kritische Position bezüglich des oben beschriebenen mystischen Konzepts Landauers nur lauten, dass der Verband der Indivi-

---

[73] Landauer: *Skepsis und Mystik*, S. 19.
[74] Dubbels: *Sprachkritik und Ethik*, S. 107.
[75] Vgl. ebd.
[76] Landauer: *Skepsis und Mystik*, S. 18.
[77] Ebd., S. 19.
[78] Ebd., S. 13.

duen innerhalb der Ewigkeit genauso substanzlos ist, wie die Ewigkeit, die diesen umfasst. Diese Position kann nur aufgelöst werden, wenn die Individualität die Konstanz innerhalb der Ewigkeit ausmacht, was Landauers Anarchismus bewerkstelligen soll. Das oben vorgestellte Konzept scheint Landauer aber auch eine Möglichkeit für einen gesellschaftlichen Neubeginn zu eröffnen:

> Denn wo nichts mehr feststeht und kein Grund mehr ist, da gerade werden wir unsere Pfähle einrammen. Das, scheint mir, ist die Art neuer Menschen.[79]

Die Abstrahierung der Individuen zu einer Gemeinschaft der Individualität ist nicht nur göttliche Teilhabe, sondern ist das Göttliche und macht Landauers Definition von Anarchismus maßgeblich aus. Dabei ist das Element der Freiheit nur in der Individualität gegeben, welchem im gesellschaftlichen Handlungsbereich der Anarchismus entspricht, dessen ausführende Instanz das Individuum ist.

Der Begriff Anarchismus ist von Landauer sorgfältig recherchiert worden. Aus dem Altgriechischen stammend ist seine Bedeutung vielschichtig. So bedeutet die Vorsilbe „ohne" und das Grundwort kann sowohl als auch mit „Grund, Anfang, Materie, Prinzip oder Herrschaft" übersetzt werden.[80] Die Losung lautet hier: Anarchismus ist gleich Individualismus.[81]

Diese zentralgestellte Losung ist somit auch eine Gleichung und stellt den Schlüssel zum Verständnis von Landauers anthropologischer Philosophie dar. Ein weiteres Element tritt aus den zwei vorletzten Zitaten hervor und verweist auf eine Begrifflichkeit aus dem spinozischen System. Die „naturende Natur" („natura naturans") im Gegensatz zur „genaturten Natur" („natura naturata") wurde bekanntlich von Spinoza als Ausdruck verwendet, um Gottes Selbstbezüglichkeit im Gegensatz zu den auf ihn bezugnehmenden Dingen hervorzuheben.[82] Innerhalb der hier verfolgten Argumentationskette betreffend der bereits erörterten mystischen Geistesausrichtung Landauers offenbart sich nun ein enger Zusammenhang zwischen der Ewigkeit an sich und der spinozischen „naturenden Natur". Die „genaturte Natur" ent-

---

[79] Ebd., S. 3.

[80] Vgl. Wolf, Siegbert: „...ich will um des Gestaltens willen erkennen", URL: http://trotzallem.blogsport.de/2012/05/05/2012-06-21-ich-will-um-des-gestaltens-willen-erkennen/ (17.07.2012).

[81] Landauer, Gustav: *Individualismus*, in: *Gustav Landauer. Auch die Vergangenheit ist Zukunft. Essays zum Anarchismus*, Wolf, S. (Hrsg.), Frankfurt a. M. 1989, S. 138-144.

[82] Vgl. Spinoza: *Ethik*, Teil I, Lehrsatz 29, Anmerkung.

spricht auffällig der Metaphorik der „Ewigkeit in uns". An diesem Punkt finden sich zwei der oben gestellten Fragen zum Ausgangszitat – nämlich nach der Definition bzw. Identität der Ewigkeit und auch der Quelle – beantwortet.

Eine Schwierigkeit in Landauers Mystik-Konzept ergibt sich durch die rhetorische Technik Begriffe konstant in andere zu überführen. Deshalb stellt sich die überleitende Frage, wie nun die Ewigkeit und das *Ich* synthetisiert und damit auch begrifflich erfassbar gedacht werden können. Schließlich scheint das *Ich* bei Landauer der Träger der Individualität zu sein und entspricht in seiner konkreten Form dem Individuum als Mensch. Genaueres zur Beantwortung dieser Frage, findet sich bei Landauer nur mit der Formulierung „schießendes Geschossensein"[83] vor, was semantisch betrachtet ein fortschreitendes, selbstbezügliches Wirken und Gewirkt-Haben ineinander verschränkt und zudem eine gewisse Zielgerichtetheit betont. In dieser Lesart bezieht sich das „schießende Geschossensein" auf den sogenannten „Lauf des Entwicklungsstromes". Somit stellt sich der „Lauf des Entwicklungsstromes" als ein „schießendes Geschossensein" dar, ist damit also seine konkrete Eigenschaft als Wirkprinzip und unterstreicht die Ausrichtung auf ein Ziel. Der „Lauf des Entwicklungsstromes" ist die Zeitlichkeit selbst, wie sie im Allgemeinen definiert wird und von Landauer bereits als Raum-Zeit-Gefüge und damit auch als Zeiteinteilung wahrgenommen wurde. Dies beantwortet somit die Frage von oben nach dem Wesen des „Lauf[s] des Entwicklungsstromes". Das *Ich* im *Uns* als Quelle aus der Ewigkeit verweist auf seine konkrete Zeitlichkeit im Gegensatz zur Ewigkeit an sich und erhält seinen symbolischen Ausdruck im „Lauf des Entwicklungsstromes". Die spezifische Art und Weise dieses „Lauf[s] des Entwicklungsstromes" ist sein auf die Zukunft gerichtetes Wirkprinzip, dem „schießenden Geschossensein".

Die Struktur dahinter erinnert stark an eine Passage aus der spinozischen Ethik, die sich wiederum vermutlich auf Maimonides bezieht und erklärt, dass Gott, Gottes Denken und die Gegenstände seines Denkens identisch sind.[84] Auf denselben Sachverhalt verweist das Ausgangszitat, nur eben mit unterschiedlichem Vokabular. So wäre bei Landauer die Ewigkeit an sich der Ersatz für den spinozischen Gott, die „Ewigkeit in uns" Gottes Denken und die Quelle einschließlich ihres Inhalts der Gegenstand Gottes Denkens.

Außerdem ist festzustellen, dass das Problem der räumlichen Zeit lösbar geworden ist,

---

[83] Landauer: *Skepsis und Mystik*, S. 20.
[84] Vgl. Spinoza: *Ethik*, Teil II, Lehrsatz 7, Anmerkung.; Für den Zusammenhang mit Maimonides, vgl. Levy: *Baruch or Benedict*, S. 21.

nämlich insofern es bei Landauer ein Resultat der erfahrbaren Ewigkeit durch die Individualität zu sein scheint und Letzterem als Erweiterung zukommt. Allerdings lässt die Begrenzung als Wahrnehmungskategorie die Ewigkeit an sich unberührt, sie nimmt sie eben nur in ihrer spezifischen Eigenschaft des Begrenzen, des räumlichen Darstellens, wahr. In diesem Zusammenhang verlautbart Landauer zudem perspektivisch:

> Alles Räumliche zeitlich auszudrücken, ist vielleicht eine der wichtigsten Aufgaben kommender Menschen.[85]

Im Weiteren heißt es, dass die Ewigkeit auch vom *Ich* beschaut und in einem „Unendlichkeitsgefühl"[86] als real erlebt wird. Dies ist aber nur möglich, wenn alle Raumbegriffe, zu denen Landauer auch die Erinnerung und das Bewusstsein zählt, als solche zuerst erkannt werden und dann als *nur* spezifische Kategorien gedacht werden.[87] Diese Transzendenzerfahrung – sprich das „Unendlichkeitsgefühl" – vollzieht sich in der ausschließlich inneren Ewigkeit („Ewigkeit in uns") und wird durch den „Verzicht auf eine uralte Metapher"[88], nämlich Gott, und „ihr Ersatz durch eine andere"[89], der individuell-gemeinschaftlichen, erst möglich.[90]

Dass dieses zusammen mit dem Zustand vor dieser Einsicht (die unreflektierte Anwendung von allgemeinen Raumkategorien als erstarrter Gehalt) ein im ewigen Werden begriffener Prozess ist, äußerst sich noch als Topie-Utopie-Verhältnis in Landauers späteren Werk *Die Revolution* (1907) in einem vornehmlich gesellschaftstheoretisch orientierten Kontext (siehe Kapitel 5.2.3).

Das *Ich* als Individuum mit dem Gemeinschaftsbegriff synthetisiert, degradiert allerdings nicht zu einem entbehrlichen und bloß zweckdienlichen Konstrukt, sondern ist die Voraussetzung. Als Träger des räumlichen Wahrnehmens besitzt es somit Bewusstheit als Eigenschaft, welche wiederum Bedingung zum Zugang zur Ewigkeit ist. Dieser Zugang ist das „Unendlichkeitsgefühl" in Form der zwischenmenschlichen Liebe als intensives Gefühl der Verbun-

---

[85] Landauer: *Skepsis und Mystik*, S. 15.
[86] Ebd., S. 21.
[87] Vgl. ebd., S. 20.
[88] Ebd., S. 49.
[89] Ebd.
[90] Vgl. ebd.

denheit.[91] Sie stellt für Landauer damit auch die Verbindung allen Seins in der Form unend-lich-pluralistischer Gemeinschaften dar. Dieses findet sich freilich von Landauer überpropor-tional erhöht, ist die Liebe zwar bei Spinoza als „nützlichster" Affekt ausgeschrieben, aber als solcher in die Affektenhierarchie ein- und untergliedert, wie an späterer Stelle noch erörtert werden soll (siehe Kapitel 4.5.). In Opposition zu diesem „Unendlichkeitsgefühl" steht nun bei Landauer das Individuum als sich isoliert empfundenes *Ich,* was sich mit der daraus resul-tierenden Vereinsamung niemals befrieden kann, wie ein ausführlicheres Zitat belegt:

> Geben wir es zu wenn ich von meinem Subjektiven ausgehe, wenn ich mein Gefühl,
> daß meine Individualität eine isolierte Einheit sei, als Realität gelten lasse, dann gebe
> ich damit rettungslos alle anderen Realitäten preis. Dann ist alle Körperlichkeit, mein
> Hirn und meine Sinnesorgane eingeschlossen, und du Leser erst recht eingeschlossen
> ein gespenstisches Gespinst, das ich Psyche mir fabriziert habe, dann ist ebenfalls alle
> Vergangenheit nur eine Auseinanderlegung meines ewig gegenwärtigen Bewußtseins,
> und alle entwicklungsgeschichtliche Erklärung zerfällt damit in Unmöglichkeit. Diese
> Anschauung ist ewig unwiderlegbar, und keine andere Anschauung ist beweisbar. Nur
> daß auch die Voraussetzung, von der ich ausgehe, niemals zu erweisen ist: mein inne-res
> Gefühl, daß ich eine isolierte Einheit sei, kann falsch sein, und ich erkläre es für
> falsch, weil ich mich nicht mit der entsetzlichen Vereinsamung zufrieden geben will.[92]

Diesem im Zitat angesprochenen Problem der absoluten Selbstidentifikation, Selbstbezüg-lichkeit und Negation der Außenwelt sowie der daraus resultierenden Vereinsamung kann nur durch strikte Affirmation eines *Teil*-Seins im Ewigkeitsgefüge ausgewichen werden. Als Unhintergehbares jedoch muss das Individuum sich im letztgenannten Sinne integrieren, aber trotzdem sein Selbstsein bewahren, dient es doch bei Landauer gerade in seiner Eigentüm-lichkeit als das revolutionäre Moment, wie er es programmatisch in seinem Werk *Durch Ab-sonderung zur Gemeinschaft (1901)* beschreibt. Diese Idee und ihre bereits herausgearbeiteten

---

[91] Vgl. ebd., S. 21. Dieser Gedanke scheint bei Landauer zentral zu stehen, taucht er doch in fast iden-tischer Formulierung bereits zwei Mal in früheren Werken auf. Vgl. dazu auch Landauer: *Zur Ent-wicklungsgeschichte des Individuums*, S. 333; und vgl. Landauer, Gustav: *Durch Absonderung zur Gemeinschaft*, in: *Gustav Landauer. Zeit und Geist. Kulturkritische Schriften 1890-1919*, Kauffeldt, R. / Matzigkeit, M. (Hrsg.), Regensburg 1997, S. 97.
[92] Landauer: *Skepsis und Mystik*, S. 6-7.; oder vgl. Landauer: *Durch Absonderung zur Gemeinschaft*, S. 83-84.

mystischen Versatzstücke sind in seinem gesellschaftskritischen Unternehmen, genau wie die Gleichung „Anarchie ist gleich Individualismus", zentral gestellt.

2.3.3 Mystik bei Landauer und Meister Eckhart

Eine andere offengebliebene Fragestellung, nämlich inwieweit Landauer von Meister Eckharts Mystik-Konzeption beeinflusst wurde, bietet sich an, in dieser Platzierung beantwortet zu werden. Eckhart stellt vom ontologischen Gesichtspunkt ein Konzept vor, das auf der Vermengung platonischer und aristotelischer Ideen sowie katholischer Dogmatik beruht. Er versucht diese innerhalb seiner theologischen Anthropologie in Einklang zu bringen und ist schon allein wegen seines anthropologischen Bezugs für Landauer interessant.[93]

Des Weiteren sticht auch bei ihm als Vertreter einer intellektuell-mystischen Theologie eine kritische Erkenntnistheorie, ähnlich wie bei Landauer und Spinoza, hervor, nur ist die Beschreibung seines Systems hauptsächlich poetisch-mystisch stilisiert. Delf observiert dazu treffend, dass sich Landauer die „religiöse Metaphorik" Meister Eckharts zunutze macht, um seinem Sprachrepertoire eine weitere Ausdrucksform anzugliedern.[94] Dass die „religiöse Metaphorik" Eckharts als auch die rational-geometrische eines Spinozas derselben Problematik nur aus verschiedenen Blickwinkeln versuchen beizukommen, ist sich Landauer gewiss:

> Sie haben ganz Recht, das sind zwei große Gegensätze: Meister Eckhart und Spinoza. Der Rationalismus ist eine völlig andere Ausdrucksform als die Mystik. Die beiden sind so verschieden wie Prophetie und Dichtung von der Wissenschaft verschieden sind. Aber metaphorisch sind die Formen alle beide; und nur darum haben immer wieder das Gleiche zu sagen (…)[95]

Da das schwierige Verhältnis von Gott, Welt und der Seele in den Schriften Meister Eckharts eine erhebliche Komplexität und Weite einnimmt, sollen hier lediglich die im Zusammenhang zu Landauers Mystik relevanten Punkte besprochen werden. Hinz macht zu Landauers Beschäftigung mit Meister Eckhart die generelle Observation, dass sich die Übersetzungsarbeit

---

[93] Vgl. Willems: *Religiöser Gehalt des Anarchismus und anarchistischer Gehalt der Religion*, S. 58.
[94] Vgl. Delf: *"In die größte Nähe zu Spinozas Ethik"*, S. 79.
[95] Brief an Ludwig Berndl vom 15.9.1910, Hermsdorf b. Berlin, in: *Briefe I/II, Gustav Landauer, Sein Lebensgang in Briefen*, Buber, M./Britschgi-Schimmer, I. (Hrsg.), Bd. 1, Frankfurt a. M. 1929, S. 322 ff., Original in GLAA 80.

Landauers durch keine allzu strenge philologische und wissenschaftliche Genauigkeit auszeichnet und ein fragwürdiger Kanon an Sekundärliteratur verwendet wurde. Er kommt zu
dem Schluss, dass Eckhart eher aus einem genuinen Selbstbezug heraus eingearbeitet wurde.[96]
So fasst er Landauers geistiges Verhältnis zu Eckhart wie folgt auf:

> Landauers Eckhart-Verständnis, wie er es in „Durch Absonderung zur Gemeinschaft"
> formuliert und wie er es dann in „Skepsis und Mystik" ausführlicher wiederholen
> wird, ist Ausdruck einer Rezeption, in der der Dominikaner-Meister von einer mysti-
> schen – wenn auch geistig errungenen – Philosophie verstanden wird. Eckhart wird
> dabei von Landauer eindeutig der platonischen bzw. neuplatonischen Tradition zuge-
> schlagen. Es ist die Tradition, von der er selbst sich tief erfaßt fühlt und von der er
> glaubt, daß sie in Eckharts Werk einen überragenden Ausdruck gefunden hat. Entspre-
> chend ist ihm Eckhart – auch wenn er ihn einen „mystischen Skeptiker" nennt – eher
> der „Mystiker", der dem „Skeptiker" (in diesem Fall den Nominalisten) auf dem Fuße
> folgt, geradezu folgen muß. (…) Indem Landauer die mystische Seite des Meisters
> überbetont, erscheint ihm Eckhart revolutionärer, als dieser tatsächlich war.[97]

Diese Feststellung ist auch außerhalb dieses Zitates von Hinz fundiert begründet, nur bleibt
anzumerken, dass das Ignorieren der skeptischen und intellektzentrierten Seite Eckharts von
Landauer sicherlich beabsichtigt war. Landauers genuiner Zugriff auf die Mystik Eckharts ist
die Aneignung des poetisch-mystischen Sprachgebrauchs. Die intellektzentrierte Seite fällt
eben nur Spinoza zu:

> Wo die volle Realität anfängt, ist das theoretische Wortsystem längst in die Brüche
> gegangen; sollten Ihnen wirklich die Upanischaden, Lao-tse, die großen Mythen und
> Mythologien, das verzweifelte Ringen und Stammeln Eckharts nicht mehr vom Ewi-
> gen zu Schau und zum unwissenden Wissen gebracht haben, als diese künstlich zu ei-
> nem System zusammengeknüpften geistreichen Essays? Nur ein Mensch in der Welt

---

[96] Für eine genauere Einzeldarstellung sowie einen Vergleich zwischen Landauer und Eckhart, vgl.
auch die instruktive und kritische Studie von Hinz, Thorsten: *Mystik und Anarchie. Meister Eckhart und sein Bedeutung im Denken Gustav Landauers*, Kramer 2000.; Vgl. bsd. S. 61-96.
[97] Hinz: *Mystik und Anarchie*, S. 140.

hatte je das Recht, in undichterischer, in begrifflicher Sprache von diesem innersten Geheimnis zu reden: Spinoza (...)[98]

Obgleich die anschließende Beobachtung von Hinz, dass Landauer in Bezug auf Eckhart die komplette Traditionskette der rationalistischen Strömung zu Gunsten der Bevorzugung des Platonismus oder auch des Neuplatonismus ignoriert, korrekt ist, kann dieses aber nur im Verhältnis zu Spinoza als Opposition, gerade weil Spinoza und Eckhart durch Relevanz und enger Verknüpfung in Landauers Geisteskosmos gegenwärtig sind, richtig erfasst werden.[99] Ein weiteres Zitat lässt ihn selbst zu Wort kommen:

> (...) worin sich Spinoza von den künstlerischen Gestaltern und den Mystikern unter-
> scheidet: in der unverkennbaren Tendenz zum Rationalismus (...). Er war nüchtern,
> heiter, weltlich, wissenschaftlich (...). Die Parallelen mit Kunst und Mystik kommen
> jedem, der Spinoza kennt; darum muß man eben finden, warum es trotzdem ganz an-
> ders ist.[100]

So ist das mystische Konzept Eckharts insofern für Landauer genuin und relevant, weil er mit Spinoza keinen mystischen Hintergrund konstruieren kann. Diesen benötigt er aber aufgrund der Stilistik und Rhetorizität jenes Ausdrucks, um sein Denken – oder auch sein anarchistisch-sozialistisches Projekt – der Allgemeinheit leichter zugängig zu machen.

Der eigentliche Punkt in dem Landauer an Eckharts System partizipiert, ist das Konzept der Abgeschiedenheit, bei dem die Gottesschau im Inneren zum Ziele eines seelischeren Erlebens der Außenwelt vollzogen wird, was bei Landauer als Absonderung, um in das seelische Erleben im Inneren zu gelangen und mit diesem schließlich erneuernd auf die Gesellschaft einzu*wirken*, synonym gedeutet werden kann.[101] Landauer geht sogar noch einen Schritt weiter und wirft die Kreatur nach dem Prozess der mystischen Umwandlung in dieselbe alte Welt samt ihren Begriffsformen zurück, die nun neu und lebendiger wahrgenommen wird:

---

[98] Brief vom 31.1.1919 an Margarete Susman, in: *Briefe I/II, Gustav Landauer, Sein Lebensgang in Briefen*, Buber, M. / Britschgi-Schimmer, I. (Hrsg.), Bd. 2, Frankfurt a. M. 1929, S.371 ff., Original in GLAA 111.

[99] Vgl. Hinz: *Mystik und Anarchie*, S. 139.

[100] Brief vom 17.9.1910 an Rafael Seligmann, Hermsdorf b. Berlin, in: *Briefe I/II, Gustav Landauer, Sein Lebensgang in Briefen*, Buber, M./Britschgi-Schimmer, I. (Hrsg.), Bd. 1, Frankfurt a. M. 1929, S.324 ff., Original in GLAA 144.

[101] Vgl. Willems: *Religiöser Gehalt des Anarchismus und anarchistischer Gehalt der Religion,* S. 65-68.

(…) ich verlasse das Einzige, was mir von innen her sicher zu sein schien, ich treibe hinaus in die hohe, wilde See der Postulate und Phantasien. (…) Ich baue mir eine neue Welt mit dem Bewußtsein, daß ich keinen Grund habe, auf dem ich bau, sondern nur eine Notwendigkeit. Solcher Zwang aber, den das allgewaltige Leben übt, hat befreiende, jauchzenschaffende Kraft in sich: ich weiß von jetzt ab, daß es meine, eine selbstgeschaffene Welt ist, in der ich schaue, in die ich wirke.[102]

Das Individuum ist nun wissend in seinem *Welt*-Sein, Wirken und notwendigen *Teil*-Sein geworden und gibt sich deswegen dem Erleben nicht fatalistisch, sondern freiwillig hin. Spinozas durchgängiger Determinismus als eine Notwendigkeit des Seins der Substanz, die auch der Kreatur zukommt, scheint bei Landauer in der Neujustierung der Wahrnehmung nicht aufgehoben, aber neu bewertet. Die Betonung Eckharts, die auf einer „wirkenden Natur" innerhalb der Kreatürlichkeit liegt, kommt Landauers Individualitätskonzeption und deren Ausdruck im *Wirksam*-Seins des „Laufes des Entwicklungsstromes" als „schießendes Geschossensein" gleich und somit ist in diesem Punkt auch eine Vergleichbarkeit der Theorien gegeben. Dass durch die Absonderung herausgehobene Individuum erneuert durch seine wirkende Individualität die Gemeinschaft, welche *seine* Gemeinschaft geworden ist. Dies ist Landauers Verständnis von Revolution und Hauptsache für sein anarchistisches Unternehmen. Die Erneuerung der Gesellschaft beginnt mit dem Individuum, dessen Revolution die Erkenntnis seines individuellen Gehalts ist, welches es in die *Welt* hineinträgt und dadurch diese nicht nur verändert, sondern auch mit ihr innerhalb dieses Prozesses im *Uns* zusammenfällt. Die *Welt* ist ab diesem Moment erst das *Ich* als *Uns*. Dass dieses letztendlich vor dem Hintergrund der Ewigkeit situiert ist, oder treffender gesagt, in der Ewigkeit selbst geschieht, ist in gewisser Weise bezeichnend für Landauers Zusammenführung immanenter und transzendenter Vorstellungen.

Durch ein prozessives *Ich-Welt*-Ewigkeitsverhältnis, in welchem die Erkenntnis der Individualität vermittelt, hat Landauer ganz nebenbei auch Spinozas mechanische Begrifflichkeiten in einen dynamischeren Ausdruck überführt. Die Besonderheit bei Landauer ist letztendlich die Absonderung als Kondition, wodurch schließlich und auch erst dann die Möglichkeit des Zueinander von *Ich* und *Welt* nicht mehr in Notwendigkeit, sondern in Freiwilligkeit geschaffen wird.

---

[102] Landauer: *Skepsis und Mystik,* S. 7-8.

2.3.4 Die Philosophie hinter der Mystik

Die Kluft zwischen dem Innen und dem Außen scheint bei Landauer überwunden, indem die innere mit der äußeren Welt unter Hinzunahme der vermittelnden Individualität verbunden wird:

> daß wir nicht Geist haben, sondern Geist sind; daß die Welt in uns Geist ist; nicht daß wir es so erkennen; daß wir es so sind. Wohl vernehmen wir in dem Tiefsten und Wunderbarsten, was der Menschengeist zeugen kann, die Stimme der Ewigkeit (…). Wohl finden wir diese Unendlichkeit in uns selber, wenn wir Unendliche, wenn wir ganz wir selber werden und unseren tiefsten Grund aus uns herausholen.[103]

Der Ewigkeit, die *auch* ein unbegrenzt zeitliches Kontinuum ist, entspricht im räumlichen Denken die Unendlichkeit als eine Art Ableitung. Die Bezugspunkte der Ewigkeit sind bei Landauer in einem prozessiven *Ich-Welt*-Ewigkeitsverhältnis charakterisiert und nicht voneinander trennbar. So sind Gemeinsamkeiten mit dem spinozischen System in einer spezifischen Weise gegenwärtig, gerade was die Immanenz des Seins betrifft.

Eine weitere briefliche Quelle, deren Datierung auf einen späteren Zeitpunkt als *Skepsis und Mystik* fällt, ist in diesem Kontext zweckdienlich, da sie der mystischen Sprachpoesie entbehrt, aber die Ewigkeitsproblematik mit klareren und eindeutigeren Begriffen wieder aufgreift. Außerdem ist dies im weiteren Verlauf dieser Studie hilfreich, um auf konkretere Begriffe zurückgreifen zu können und dadurch einen besseren Bezug zum spinozischen Substanzkonzept herzustellen. Aus dem Folgenden wird zudem ersichtlich, wie Landauer Spinozas Parallelismus mit eigenen Worten wiedergibt:

> Nennen wir also das Denken Jokaste und die Ausdehnung oder Dinglichkeit Oedipus, so scheint mir das das Verhältnis zu bezeichnen, in dem diese beiden Attribute bei Spinoza zu einander stehen. Das Gleichnis darf nicht zu Tode gehetzt werden: ich meine nur, es ist eine „Sünde", Denken und Ding als koordiniert, als Ehegatten zu betrachten, wo doch das Ding nur das Kind des Geistes ist. Spinoza selbst sagt, daß die Dinglichkeit nur das Produkt unsres Denkens ist; dann sehe ich aber nichts von *zwei* Attributen, sondern nur *ein* Reich des Psychischen, wo die unendlichen *vielen psychischen* Einzelprincipien *einander* nur in der Form des Dinges erscheinen können. (…)

---

[103] Ebd., S. 21.

Die anderen Dinge hören auf, mir fremd zu sein, wenn ich sie als Manifestation von Geist betrachte.(…) Das dieses „Ich", von dem hier geredet wird, nichts Konstantes und Abgesondertes ist, brauche ich nicht erst zu sagen. Wohl aber giebt es allerdings unendlich viele Ichformen oder Geistesprinzipien.[104]

Die Polemik, die hier von Landauer vorgetragen wird, ist nicht ganz unberechtigt. Man könnte tatsächlich davon ausgehen, dass die Körperlichkeit als ein unendlicher Modus des Attributs der Ausdehnung, die ja so bei Spinoza zumindest für die menschliche Seele isoliert vom Attribut des Denkens ist und erst in der Substanz Gleichheit erfährt, irrelevant und deswegen zu vernachlässigen ist. Der unendliche Modus der Ausdehnung folgt allerdings denselben Gesetzmäßigkeiten wie der dazugehörige unendliche Modus des Attributs des Denkens, welcher die Körperlichkeit erst denkbar macht (durch die Substanz). Dazu kommt, dass obwohl die menschliche Seele gewissermaßen eine Idee der Idee der Substanz ist und nur dadurch eine Erkenntnis ihrer körperlichen Konstituierung hat, sie aber eine Entsprechung in der Welt der Ausdehnung haben muss, eben wegen den parallel laufenden Gesetzmäßigkeiten sowohl im Denken als auch in der Ausdehnung. Das gilt für die Körperlichkeit im Attribut der Ausdehnung und auch für ihr Ebenbild im Attribut des Denkens als Idee der Idee.[105] Wäre das nicht der Fall, könnte die menschliche Seele ihre körperliche Konstituierung gar nicht erkennen, da dann kein Parallelismus der Attribute vorherrschen würde und somit es im Rückschluss auch kein Parallelismus der Gesetzmäßigkeiten gäbe, was wiederum den Niedergang der selbstbezüglichen bzw. in sich Bezüge setzenden spinozischen Substanz bedeuten würde. Gerade das Attribut der Ausdehnung macht es ja erst möglich, dass die Körperlichkeit auch im Attribut des Denkens wahrgenommen werden kann. Dieses ist eben nur auf Grund des Rückbezugs der Attribute auf die Substanz möglich, die diese durch ihre Selbstbezüglichkeit und Immanenz beinhaltet. Dies kann also vom Spinoza-Kenner Landauer so nur als polemische Äußerung im Gesamtzusammenhang des Briefverkehrs mit Brunner, als eine Art philosophische Spekulation, verstanden werden und wird im nächsten Zitat gewissermaßen neutralisiert. Wichtig in diesem Kontext ist Landauers begriffliche Zentrierung auf das *Ich* als Geistprinzip/psychisches Prinzip (im Plural die *Ichs* als Geistprinzipien) sowie den Geist als

---

[104] Brief vom 19.11.1905 an Constantin Brunner, in: *Briefe I/II, Gustav Landauer, Sein Lebensgang in Briefen*, Buber, M./Britschgi-Schimmer, I. (Hrsg.), Bd. 1, Frankfurt a. M. 1929, S.139 ff., Original in GLAA 83/7.
[105] Vgl. Spinoza: *Ethik*, Teil II, Lehrsatz 7.

„Reich des Psychischen", freilich in Anlehnung an Spinozas Modus und dem Attribut des Denkens. Ein weiteres Zitat, entnommen aus einer brieflichen Korrespondenz mit Ludwig Berndl, gibt Aufschluss zur Problematik der Zeitlichkeit und enthält einige weitere wichtige Implikationen:

> Hinter den „ewig" ungleichen Dingen steckt das „ewig" Gleiche, wollen Sie sagen. Da haben Sie schon in einem Satz das Wort „ewig" in zwei total verschiedenen Bedeu-tungen gebraucht: das erstemal meinten Sie die unendliche Zeit und den unendlichen Raum, das zweite Mal die Zeitlosigkeit und die Raumlosigkeit. Sie gehen aber noch weiter. Sie sagen in Wahrheit: Hinter den ewig ungleichen Dingen steckt das ewig Gleiche und also steckt das ewig Gleiche schon in den ewig ungleichen Dingen. Es ist immer die Vermischung von Materialismus und Idealismus, die wir doch beide in ih-rer vollkommenen Reinheit brauchen, und die beide die selbe Wahrheit zweimal aus-drücken. Das ist die große Erkenntnis des nicht genug zu preisenden Spinoza.[106]

Jetzt ist es möglich, Landauers Verständnis vom Begriff „Geist" näher zu bestimmen und damit bezeichnen zu können.[107] Vergleicht man beide letztgenannten Zitate, scheint die un-endliche Zeit als bestimmte Form der Ewigkeit tatsächlich vergleichbar mit dem spinozischen Attribut des Denkens. Es ist in Landauers Begriffen also gleichbedeutend mit dem Geist. So ergibt sich das Geistprinzip oder auch das *Ich* als ein zeitlicher Modus, der im Geist (unendli-che Zeit) wirkend ist. Seine Reflektion innerhalb der Welt der Körperlichkeit ist ein bestimm-tes Individuum im Sinne eines bestimmten Körpers und somit im unendlichen Raum – in Analogie zum spinozischen Attribut der Ausdehnung – durch den Geist indirekt wirkt. Somit fallen auch die *Ichs* bzw. die Geistprinzipien mit ihren Abbildern der Körperlichkeit (die be-stimmten Körper) nur im Wirkprinzip – dem „schießenden Geschossensein" – zusammen. Das „ewig Gleiche", was in einer Art „negativen Theologie" (Zeitlosigkeit/Raumlosigkeit) die Zeitlichkeit und die Räumlichkeit als positive Aussagen über sich selbst von sich fernhält, wurde bereits von Landauer als Verfälschung der „Ewigkeit in uns" in den Bereich der Ewig-keit an sich verwiesen.

---

[106] Brief vom 24.12.1909 an Ludwig Berndl, in: *Briefe I/II, Gustav Landauer, Sein Lebensgang in Briefen*, Buber, M./Britschgi-Schimmer, I. (Hrsg.), Bd. 1, Frankfurt a. M. 1929, S.277 ff., Original in GLAA 80.

[107] Zum Geistbegriff bei Landauer in seinem historischen Zusammenhang, vgl. Knüppel, Christoph: *Geist und Geschichte. Gustav Landauers Vorstellung von einer Transformation der Gesellschaft*, in: *Schriften der Erich-Mühsam-Gesellschaft*, Heft 7, o.O. 1994, S. 22-42.

Dass Landauer in genuiner Weise am spinozischen Ontologiekonzept partizipiert, wird hierbei abermals deutlich. So scheint auch das Wirkprinzip, welches erst Individualität demonstriert und materialisiert, Inspiration aus dem spinozischen Geisteskosmos zu beziehen, daher im Folgenden eine kurze Skizzierung des spinozischen Wirkkonzepts, was als solches sich auch als ein Machtkonzept darstellt.

Spinozas Gestaltung der unendlichen Attribute als identisch mit der Seinsmacht der Substanz reflektiert sich in den Modi als konkrete Individualisierungen der Substanz. So erst kann bei Spinoza Individualität auch als Pluralität festgestellt werden. Den Attributen kommt dabei, gerade weil sie identisch mit der Substanz gedacht werden, absolute Seinsmacht in ihrer Kategorie zu. Die Attribute sind in der Tat schon Individualisierungen der Substanz, aber an diesem Punkt eben noch von ursprünglicher Seinsmacht. Somit haben die endlichen Modi der Attribute – also auch der Mensch – nur graduelle Seinsmacht durch Partizipation und damit graduelle Individualisierung.[108]

Hier nun tritt die Gemeinsamkeit zwischen dem oben beschriebenen Wirkprinzip Landauers und dem spinozischen Machtkonzept hervor, ist doch bei Spinoza gerade die Partizipation mit dem Element des Wirkens (genaueres dazu in Kapitel 4.5) eng verknüpft. Nur durch die eigens erkannte Wirkmacht ist das Individuum befähigt seine Seinsmacht aufrechtzuerhalten und zu vergrößern.[109] Das Machtkonzept von Spinoza entspricht in seiner Realisierung also tatsächlich dem Wirkprinzip Landauers, da beide graduelle Wirkmächte als die Weisen der Individualität betrachten.

Des Weiteren ist das oben behelfsweise benannte prozessive *Ich-Welt*-Ewigkeitsverhältnis auch ein *Geistprinzip-Geist*-Verhältnis, wobei in dieser Formulierung der Geist als unendliche Zeit bereits die „Ewigkeit in uns" enthält und damit auch die Verbindung zur Ewigkeit an sich. Das Geistprinzip ist das *Uns,* einer Gemeinschaft miteinander verbundener *Ichs.* Das Geistprinzip beinhaltet somit auch die verschiedenen Geistprinzipien in ihrer prozessiven Beschaffenheit (das Wirkprinzip im „schießende[n] Geschossensein") als individualisierte Formen, als *Individualität.* Somit stellt diese Umformulierung auch eine begrifflich-abstraktere Lesart für das bereits extrahierte Mystik-Konzept Landauers dar, beruhend auf seinen eigenen philosophischen Spekulationen.

---

[108] Vgl. Kisser, Thomas: *Selbstbewußtsein und Interaktion. Spinozas Theorie der Individualität*, Würzburg 1998, S. 30.
[109] Vgl. Spinoza: *Ethik*, Teil V, Lehrsatz 30 u. 40.

Dass bei Landauer die Individualität des Individuums das Wirkprinzip innerhalb einer unendlichen Pluralität von Gemeinschaften ist, wird mit dem folgenden Zitat nochmals hervorgehoben. Entnommen aus einer seiner späteren Werke *Aufruf zum Sozialismus* (1911) belegt es gleichzeitig, dass das hier titulierte *Geistprinzip-Geist*-Verhältnis eine Konstante in seinem Denken ist und nicht nur eine Randerscheinung seines frühen Schaffens:

> Und zu einer wirklichen Menschheit im äußeren Sinne werden wir nur kommen, wenn die Wechselwirkung oder besser die Identität – denn alle scheinbare Wechselwirkung ist identische Gemeinschaft – für die im Individuum konzentrierte Menschheit und die zwischen den Individuen erwachsene Menschheit gekommen ist. Im Samen wohnt das Gewächs, wie der Samen ja nur die Quintessenz der unendlichen Kette von Vorfahrengewächsen ist; aus dem Menschtum des Individuums empfängt die Menschheit ihr echtes Dasein, wie dieses Menschtum des einzelnen ja nur das Erbe der unendlichen Geschlechter der Vergangenheit und all ihrer gegenseitigen Beziehungen ist. Das Gewordene ist das Werdende, der Mikrokosmos der Makrokosmos; das Individuum ist das Volk, der Geist ist die Gemeinschaft, die Idee ist der Bund.[110]

So gibt es bei Landauer zwar mit Ausnahme des reinen Verweises auf die nicht weiter hinterfragbare Ewigkeit an sich keine Substanz, aber das Wirkprinzip im Individuum ist gewissermaßen göttlichen Ursprungs – also auch individuell:

> Nicht „Individuum" oder „Egoismus" kann unser Schlachtruf sein, sondern Individualität. (…) Individualität will aber nichts anderes sagen, als daß jeder Einzelne in sich dem Besonderen, Ursprünglichen, Großen und Bedeutenden zu Siege verhelfe. Die Individualität ist dasjenige Individuum, das typisch, bezeichnend ist für das Wesen der Gattung (…)[111]

2.4 Auswertung

An diesem Punkt ist die Aussage evident, dass Landauer sich das Konzept des Parallelismus der Attribute, wie es bei Spinoza auftritt, zu Eigen gemacht hat und sein „ontologisches Gerüst" maßgeblich konstituiert. In seinem literarischen Werken wird dieses in mystisch-

---

[110] Landauer, Gustav: *Aufruf zum Sozialismus*, Heydorn, H.-J. (Hrsg.), Frankfurt a. M. 1967, S. 153.
[111] Landauer: *Zur Entwicklungsgeschichte des Individuums*, S. 348.

poetischer Sprachstilistik, die wiederum dem sprachlichen Ausdruck der Schriften Meister Eckhart entlehnt ist, umgesetzt, um den inferenziellen Ausdruck, wie er in Spinozas Philosophie Anwendung findet, nicht nur aus sprachpragmatischen Gründen zu umgehen, sondern auch um eine größere Zielgruppe erreichen zu können.[112] Des Weiteren ist für Landauer der Begriffsnihilismus ein gewisses Mittel zum Zweck. Er macht es ihm möglich, den allgemeinen Gottesbegriff zu negieren und schafft damit Raum, um sein Konzept vom hier behelfsweise bezeichneten *Geistprinzip-Geist*-Verhältnis im begrifflich-abstrakten oder auch dem prozessiven *Ich-Welt*-Ewigkeitsverhältnis im mystischen Sinne – wenn auch etwas abseitig – zu positionieren. Somit ist der Gott des Spinozas bei Landauer zur Ewigkeit an sich geworden und mit ihr als nicht Erklärbares ein für alle Mal zu den Akten gelegt worden. Einzig als Verweis in der „Ewigkeit in uns", welche den Gemeinschaftsbegriff mit dem Begriff des Individuums zusammenführt und dessen Ausdruck sich im „Unendlichkeitsgefühl" für das Individuum konkretisiert, erfährt sie im Wirkprinzip – der Individualität – ihre Realisierung. Dieser gesamte Sachverhalt orientiert sich nach genauerer Prüfung seiner inneren Struktur stark am spinozischen Ontologiekonzept. Einzig im Element der Absonderung, welches identisch mit dem Element der Abgeschiedenheit in Eckharts anthropologisch-mystischem Konzept ist, tritt bei Landauers metaphysischen und mystischen Spekulationen bereits zu diesem Zeitpunkt ein eindeutiger Moment der applikativen Ethik auf.

---

[112] Spinozas Schriften sind eindeutig an eine Bildungselite (siehe z.B. die Vorrede des Theologisch-Politischen Traktats) gerichtet. Landauers Schriften sind hingegen in ihrer intentionalen Gestaltung eindeutig populistischer Natur und damit ist ihre Adressierung relativ universell.

3. Kapitel

Individualität und Erkenntnistheorie

3.1 Erkenntnistheoretische Ausgangspunkte

Um hinter das erkenntnistheoretische Konzept Landauers und dessen konzeptionelle Relationen zu gelangen, sei ein Zitat vorangestellt:

> Alles ist anders: das ist die Formel all unserer Wahrheit. Auf diese Ahnung ist es wohl zurückzuführen, daß man hinter dem Tod die Lösung des großen Rätsels gesucht hat; ich möchte sagen, man hat den Trugschluß gemacht, aus der Empfindung, daß Wahrheit = Anderssein ist, zu schließen: es brauche also nur eine gründliche Veränderung mit uns vorzugehen, damit wir alles erkennen. Aber solche Veränderung ist ja auch wieder etwas Positives, nur ein Zustand; jenes Anderssein aber drückt lediglich die Negation aus und könnte durch „niemals" ersetzt werden. In dieser Auffassung fällt „Wahrheit" natürlich auch mit dem „Ding an sich" zusammen. Was steckt hinter unserer Wirklichkeit? Etwas anderes! Wie ist die Welt an sich? Anders! Diese Wahrheit, daß man die Welt eben darum nicht erkennen kann, weil man sie erkennen muß, räumlich, zeitlich, dinghaft wahr nehmen und mit Worten belegen, ist schon früh und immer wieder, manchmal mit wunderbarer Schärfe und Deutlichkeit, ausgesprochen worden; (…)[113]

„Alles ist anders" ist die Individualität und damit schließt die Individualität mit *allem Anderen* auch das konkrete Individuum als Individualität mit ein. Die Individualität kann somit nicht etwas anderes werden, weil sie das schon ist. Auch eine Transformation, im Sinne wie sie Landauer beschreibt und daraus richtig schlussfolgert, konfrontiert die Individualität immer nur mit sich selbst. So ist das *Andere* für das Individuum eine Spiegelung seiner eigenen Individualität und dieses wiederum negiert das *Andere* als Veräußerlichung, affirmiert es aber als ein Verinnerlichtes. Diese Verinnerlichung kann nur im Wahrnehmen der Individualität des *Anderen*, nämlich durch die inneren Sinne, als Affirmation im *Wahr*nehmen der eigenen

---

[113] Landauer: *Skepsis und Mystik*, S. 46.

40

Individualität geschehen. Eine rein formal veräußerlichte Wahrheit kann somit keine Wahrheit sein und deswegen wird die Wahrheit als Wirklichkeit von der inneren Wahrnehmung konstituiert. Alles Äußere ist dem Individuum ein Selbstbezügliches, ein Inneres.

Ein weiteres Problem ergibt sich in diesem Zusammenhang dahingehend, dass das Individuum als solches *Teil*-Sein ist und somit nicht die gesamte Individualität als eigene Individualität begreifen kann. Ein weiteres Zitat exponiert das Problem deutlicher, gibt aber noch keinen Lösungsvorschlag:

> (…) Gedächtnis ans Gewesene und Wissen vom Andern haben wir; hätten wir es nicht, sondern jenes Übergedächtnis, das Undenken ist, und jenes Überwissen, das Unwissen ist, dann wäre das Gewesene die lebendige Zeit, die die Ewigkeit ist, und das Andere unser Eigenes, das das All und das Eine ist. So sind wir, was uns angeht: wir kennen uns nicht, wir sind wir.[114]

Das Gedächtnis als Erinnerung und das Bewusstsein der stetigen Selbsttransformation ist der Inhalt des Individuums. Wäre ein Zugriff auf eine absolute Erkenntnis möglich, würde dieses die Individualität und damit auch das Individuum negieren. So ist nicht nur zum Zweck der Selbsterhaltung und auch prinzipiell keine absolute Erkenntnis möglich, sondern nur eine graduelle. Eine strikte Immanenz offenbart sich hier und äußert sich als Tautologie mit den Worten „Wir sind wir". Die rein formale Veräußerlichung, also das etwas anderes als die Individualität gedacht werden kann, wäre ein *Nicht*-Sein und würde die Möglichkeit des Erkennens unnötig machen. Die Fähigkeit zur Erkenntnis ist somit ausschließlich an das Individuum geknüpft und garantiert diesem die Erkenntnis nur im Werden:

> (…) ewig zum Neuen erkennen, das heißt, wandeln; daß unser Erkennen ein Werden, ein Zeugen, ein Untergehen und Wachsen sei, ein Ruhen im Neuen; daß wir nicht Geist haben, sondern Geist sind; daß die Welt in uns Geist ist; nicht, daß wir es so erkennen; das wir es so sind.[115]

Das oben formulierte Problem ist nun gelöst. Das individuelle *Ich* begreift sich im Erkenntnisprozess. Es ist somit auch das ausschließliche Objekt seiner Selbsterkenntnis und dadurch verbürgt sich auch die Aufrechterhaltung seiner Erkenntnisfähigkeit. Es kann gar nicht anders

---

[114] Ebd., S. 18-19.
[115] Ebd., S. 21.

als zu erkennen, weil es nichts anderes als es selbst gibt, was erkannt werden kann. So erinnert auch dies stark an das spinozische Konzept des Erkennens einer Sache nur aus sich selbst heraus, die durch die Immanenz der Substanz abgesichert ist.[116]

Zwei Fragenstellungen ergeben sich nun im Zusammenhang mit dem oben Gesagten. Zum einen die Frage nach der Art und Weise des Erkennens und zum anderen die Frage nach der Beschaffenheit der Erkenntnisinstrumente. Landauer konstatiert dazu:

> Das Auge, der Raumsinn hat uns zu den Abstraktionen des Extensiven gebracht, bis wir merkten, daß wir unser Inneres nicht auf Raumformeln bringen könnten; vielleicht kann uns das Gehör, der Zeitsinn, die Traum- und Klangbilder geben, deren wir bedürfen, um die Symbole, die wir als Außenwelt schauen, in zeitlichem Verlauf zu verwandeln.[117]

Die physischen Sinne sind zwar von den psychischen Sinnen auf Grund der Übernahme des spinozischen Parallelismus getrennt, müssen aber eine Entsprechungen im Geist besitzen, um sich dem Geistprinzip zu offenbaren. Die Möglichkeit ihrer gedanklichen Überführung ineinander ist damit gegeben. So ist die Überführung des Extensiven zum Intensiven eine Transformation, also Verwandlung, welche als ein Akt stetiger Selbstaktualisierung, der graduellen Selbsterkenntnis, fungiert und dadurch die individuelle Erkenntnis als natürliches Bedürfnis des Individuums nährt. So gesehen, ist dieser ganze Prozess schon immer im Intensiven angelegt.

Die genannten Elemente korrelieren tatsächlich mit dem spinozischen Erkenntniskonzept. Aber es exponiert auch eine Gegensätzlichkeit in der Herleitung der Systeme und dadurch tatsächliche Gegensätzlichkeiten. Um dies in einem Vergleich darstellen zu können, wird an dieser Stelle ein kurzer Abriss der spinozischen Erkenntnistheorie aufbereitet.

Das konkrete Individuum wird von Spinoza als endlicher Modus der unendlichen Modi im Attributs des Denkens der Substanz verortet. Es zeichnet sich also durch Partizipation aus, was ihm auch gleichzeitig sein Potential zur Erkenntnis garantiert.[118] So liegt die Voraussetzung der Erkennbarkeit allen Seins mitsamt seinen Relationen in Spinozas Substanzkonzepti-

---

[116] Vgl. Spinoza: *Ethik*, Teil I, Axiome 2.
[117] Landauer: *Skepsis und Mystik*, S. 58.
[118] Vgl. Spinoza: *Ethik*, Teil II, Lehrsatz 12 u. 34.

on ausdrücklich begründet und versichert Spinoza auch den Anspruch auf Absolutheit.[119] Die Substanz entwirft aus sich selbst heraus in sich selbst das Attribut des Denkens, was mit ihr identisch ist und denkende Seinsmacht ausdrückt.[120] Damit wiederum ist die Möglichkeit zur Erkenntnis ihrer in eben diesem Attribut für die derivativen Modi – in diesem Fall als spezifische Individualisierungen der Substanz in diesem Attribut – geschaffen. So ist auch dem Individuum als endlicher Modus der unendlichen Modi, der ja an sich auch eine Individualisierung in Ableitung ist, die Möglichkeit zu *einer* wahren Erkenntnis – dem individuellen Erkennen – gegeben. Die individuelle Erkenntnis ist somit nur möglich, weil das Denken des Menschen durch seine gedachte Körperlichkeit bestimmt ist, die ihn ja erst für sich selbst die eigene körperliche Wirklichkeit als eine geistige erkennen lässt. Die Erkenntnis an sich ist eben nur darum möglich, weil das Individuum Teil – wenn auch über Umwege und *nur* graduell – der Substanz ist. [121]

Auch Spinoza stimmt also wie Landauer einer graduellen Erkenntnis zu. Allerdings ist auch hierbei wieder anzumerken, dass die Sichtweise verschieden ist, auch wenn das Ergebnis gleich bleibt. Spinozas strikt ontologische Sichtweise opponiert mit der erkenntnistheoretischen Ausrichtung Landauers. Spinoza rückbezieht jeden Sachverhalt auf sein Konstrukt der Substanz als Seinsmacht, die auch als absolute Erkenntnis im Attribut des Denkens individualisiert ist. Sein Verständnis von Erkenntnis ist ein Verständnis von Seinsmacht als Erkenntnis und somit erst eine erkennbare Wirklichkeit. Die Modi sind also auch umso wirklicher, je mehr Erkenntnis sie besitzen und schlussfolgernd ist ihre Erkenntnisfähigkeit auch eine Erkenntnismächtigkeit. Dass dieses überhaupt erst möglich ist, liegt im absoluten Seinspotential der Substanz, welches sich im Attribut des Denkens als absolutes Erkenntnispotential ausprägt, begründet. Erst dieser Rückschluss macht es möglich, objektive Erkenntnis als rationale Erkenntnis dem Individuum zugängig zu machen. Die Möglichkeit zur Erkenntnis ist schon a priori, also vor dem modalen Erkennen, gegeben. Landauer kann so nicht argumentieren, da seine ontologischen Voraussetzungen – also durch das Fehlen einer wirklichen und absoluten Entität – eine objektive Erkenntnis negieren. An den Platz der Substanz, wie oben bereits untersucht, ist bei Landauer eine unerkennbare Ewigkeit gerückt, die damit auch die Möglichkeit einer formal-objektiven Erkennbarkeit ausschließt. Das Individuum erkennt bei Landauer

---

[119] Vgl. ebd., Teil I, Lehrsatz 30.
[120] Vgl. ebd., Definition 4 u. Lehrsatz 16.
[121] Vgl. ebd., Teil II, Lehrsatz 13, Anm.

die Wirklichkeit nur als selbstbezügliche Individualität, die in der Zeitlichkeit des Individuums selbst wirkt:

> Die Zeit ist nicht nur die Form unserer Anschauung, sondern auch die Form unserer Ichgefühle, also ist sie für uns wirklich, für das Weltbild, das wir von uns formen müssen. Die Zeit ist wirklich, gerade weil sie subjektiv ist.[122]

Eine objektive Erkenntnis im Sinne einer *philosophia perennes,* wie es sich bei Spinoza darstellt, ist bei Landauer unter dem Blickwinkel der beständigen, subjektiven Veränderung nicht möglich.

3.1.1 Das Problem des sprachlichen Ausdrucks

Eine Argumentation Landauers gegen oder für die spinozischen Gemeinbegriffe der *ratio (notiones communes)*, welche nach Spinoza erst wahres Erkennen und damit die deduktive Untersuchung ermöglichen, lässt sich nur aus dem sprachkritischen Hintergrund von Landauers Werk *Skepsis und Mystik* heraus herleiten.[123] Landauers sprachkritisches Denken reflektiert sich darin an Mauthners dreibändiger Reihe *Beiträge zu einer Kritik der Sprache*, die er auch gewissermaßen als Ausgangspunkt für seine eigenen philosophischen Betrachtungen verwendet.[124] Eine genauere Erörterung der Sprachkritik Mauthners und Landauers sowie die Übereinstimmungen miteinander würde den Rahmen dieser Studie sprengen. Festgehalten werden kann und das beweist nicht nur der rege Briefwechsel zwischen den Beiden, sondern auch die Euphorie Landauers in *Skepsis und Mystik* in Anbetracht der Ergebnisse zu denen Mauthner gekommen ist, dass Landauer diese Ergebnisse als solche übernimmt und in genuiner Weise in sein philosophisches Gesamtkonzept miteinfließen lässt.[125] So stimmt Landauer in Anleh-

---

[122] Landauer: *Skepsis und Mystik,* S. 55.

[123] Vgl. Spinoza: *Ethik*, Teil II, Lehrsatz 40, Anmerkung 1 u. 2.

[124] Vgl. Mauthner, Fritz: *Beiträge zur Kritik der Sprache*, 3 Bde., Stuttgart 1901.; Zu Sprachkritik Mauthners, vgl. Thalken, Michael: *Ein bewegliches Herr von Metaphern. Sprachkritisches Sprechen bei Friedrich Nietzsche, Gustav Gerber, Fritz Mauthner und Karl Kraus*, Frankfurt a. M. 1999.; Zur Rezeptionsgeschichte der Sprachkritik, vgl. Schiewe, Jürgen: *Die Macht der Sprache. Eine Geschichte der Sprachkritik von der Antike bis zur Gegenwart*, München 1998.

[125] *Gustav Landauer – Fritz Mauthner. Briefwechsel 1890 – 1919*, Delf, Hanna/Schoeps, Julius (Hrsg.), München 1994

nung an Mauthner der Erkenntnis zu, dass Sprache Wirklichkeit nur zu einem bestimmten Grad abbilden kann:

> Diese Dinge da draußen sind Dinge, weil eure Sprache sie in die Form der Substantive pressen muß, und ihre Eigenschaften sind Adjektiva und ihre Beziehungen regeln sich nach der Art, wie ihr eure Eindrücke auf euch bezieht, nämlich in der Form des Verbums. Eure Welt ist die Grammatik eurer Sprache. Wer aber, wenn das nur einmal ausgesprochen ist, wird glauben wollen, daß es jenseits der Menschensprache noch etwas Substantivisches gibt (…) [,] daß all unsere Urteile nur Tautologien sind, daß aber diese Gleichsetzungen eben auch nur für unsere Worte gelten (…).[126]

Sprache kommt deswegen nicht an die Wirklichkeit heran, weil sie diese nur mit einem begrenzten Vokabular reproduzieren kann und sich damit von der Wirklichkeit entfernt, anstatt sich ihr anzunähern:

> Das ist der Fluch und das Wesen der Sprache: sie muß neu Wahrgenommenes alt aussprechen, jedes Aperçu an alte Worte festkleben[127]

Deswegen gilt auch, „daß es aber in Wirklichkeit (…) keine Gleichheit, sondern nur Ähnlichkeit gibt (…)"[128] und Sprache Wirklichkeit somit nicht getreu abbilden kann. Wahre Erkenntnis durch Sprache ist für Landauer nicht möglich.

Die nominalistische Kritik Landauers, dass es keine Gleichheit, sondern nur Ähnlichkeiten gibt, korreliert mit der spinozischen Auffassung, dass Gattungsbegriffe die mittels sinnlicher Charakteristika (subjektiv-assoziative Sinnesbilder) gebildet werden und dadurch eine Gleichheit zwischen den Dingen herstellen, die so faktisch nicht da ist, die Dinge unter falschen Gesichtspunkten subsummieren. So erklärt er, dass sich verschiedene Individuen aufgrund ihrer speziellen Beschaffenheit (psychisch als auch physisch), dieselben Dinge auch anders vorstellen können. Spinoza zieht daraus den Schluss, dass die in dieser Form gebildeten Begriffe die Dinge inadäquat – also ungeordnet – darstellen und damit keine Grundlage

---

[126] Landauer: *Skepsis und Mystik*, S. 5.
[127] Ebd., S. 41.
[128] Ebd., S. 6.

für eine wahre Erkenntnis dieser sein dürfen.[129] Das ist auch der Grund, warum Spinoza die Gemeinbegriffe unbedingt, da sie mit Hilfe der Vernunft (*ratio*) gebildet werden und die Dinge anhand ihrer Eigenschaften ordnen, den somit willkürlich assoziierten Sinnesbildern (*imaginatio* oder *opinio*) vorzieht.

Die Frage allerdings, ob Sprache generell ein adäquates Mittel ist, um wahre Erkenntnis zu vermitteln, stellt sich für Spinoza so explizit gar nicht. In diesem Sinne muss sie das auch gar nicht, da die Grundlage für Spinozas Erkenntnistheorie nicht die Sprache selbst ist, sondern das deduktive Schlussverfahren an sich, was wiederum die kausalen Gesetzmäßigkeiten der Substanz als Primat hat. Spinozas Kritik hinsichtlich der Gattungsbegriffe käme somit einem gemäßigten Nominalismus gleich. Seiner Analyse von den Gemeinbegriffen fällt jedoch in den Bereich eines starken Realismus.[130]

Bei Landauer nun ist die Assertion explizit, dass auch die Gemeinbegriffe der Vernunft, wie Spinozas sie definiert, nur Sprache sind und demzufolge Wirklichkeit nicht unmittelbar erfassen können:

> Die Anschauungsformen des reinen Verstandes, die a priori, vor aller Erfahrung, in uns sein sollen und – trotzdem oder darum – sich mit der Wirklichkeit decken, Zeit, Raum und Kausalität sind nur insofern a priori, als sie uns angeboren, also vererbt; insofern sind sie also allerdings schon vor der Erfahrung in uns. Es handelt sich bei Zeit, Raum und Kausalität um ererbte Disposition zu Orientierung; noch kühner ausgedrückt: um ererbte Metaphern.[131]

Diese bis zum Sprachnihilismus gesteigerte Sprachskepsis ist programmatisch für Landauer Philosophie und sein Werk *Skepsis und Mystik* ist ihr Ausdruck. Kühn ist der Versuch Landauers definitiv, rüttelt er hier doch an den Grundfesten des menschlichen Geists und entfernt sich in diesem Punkt von Spinoza. Landauer übersieht in diesem Zusammenhang, dass auch abstrakte Zusammenhänge, die durch Sprache nur beschrieben werden, unabhängig von ihr

---

[129] Vgl. Spinoza: *Ethik*, Teil II, Lehrsatz 40, Anm. 1 u. 2.; Wenn oben Gattungsbegriffe steht, so fasst dies die allgemeinen Begriffe als auch transzendentalen Begriffe, wie sie Spinoza nennt und erklärt, mit ein.

[130] Vgl. Wöhler, Hans-Ulrich (Hrsg.): *Texte zum Universalienstreit*, Berlin 1992.

[131] Landauer: *Skepsis und Mystik,* S. 43.

existieren.[132] Freilich zielt Landauers zu Weilen harsche Kritik nicht auf eine Suspendierung der Sprache oder gar der Wirklichkeit hinaus, sondern will eher aufklärerisch verstanden werden und einen Denkanstoß geben, der dazu dienen soll, Präzedenzlosigkeit und Innovation durch den individuellen Ausdruck in Wort und in Tätigkeit zu kreieren.[133] So rekapituliert und proklamiert Landauer fragend:

> Ist vielleicht die Sprache eben darum so unfruchtbar, weil die zu sinnisch ist, nicht aber umgekehrt, weil sie etwa zu unsinnlich wäre? Sollte sie sich etwa zu sklavisch an die angebliche Wirklichkeit, an die Metaphern unserer Sinne halten, nur nachplappern, was diese uns schon mit ganz ähnlichen verfehlten Mitteln vorgeplappert haben? (...) Sollte nicht der Versuch fruchtbar und möglich sein, die Welt in neuen Metaphern auszudrücken?"[134]

Der Ausdruck des neuen „Äons" könnte also nach Landauer die individuelle Kunst sein, die durch neue „Sinnesmetaphern" neue Wirklichkeiten produziert. Genauere Instruktionen Landauers, wie dieses Unternehmen aussieht, soll an dieser Stelle, da es an späterer Stelle thematisiert wird (siehe Kapitel 4.4), kurz unter dem Begriff „seelisches Erleben"[135] subsummiert werden. Festzuhalten bleibt, dass sich bei Landauer also tatsächlich nicht nur ein Übergang von Sprachkritik zur Sprachpoetik einstellt, wie es Dubbels bereits thetisch validiert hat und hier argumentativ gestärkt wurde, sondern auch eine Sanierung der Manufaktur der Wirklichkeit von Grund auf, indem die Wirklichkeit ganz anders wahrgenommen werden soll und damit schlussfolgernd auch ganz anders sein soll.

In diesem Punkt kontrastiert die Sprachtheorie Landauers mit jener von Mauthner, welche sozusagen auf der Ebene der Kritik verharrt und diese nicht in einen Konstruktiv überführt.[136] So sind auch Ansichten wie die obige bei dem anarcho-sozialistischen Revolutionär Landauer keine Seltenheit, sondern gehören gewissermaßen zur Berufung.

Was nun den Vergleich zwischen den Erkenntnisarten bei Spinoza und Landauer angeht, so realisieren beide ein willkürlich-assoziierendes Erkennen und eine Vernunfterkenntnis.

---

[132] Zur Sprache als problematisches Erkenntnisinstrument der Wirklichkeit, vgl. Deleuze, Gilles: *Spinoza und das Problem des Ausdrucks in der Philosophie*, München 1992.
[133] Vgl. Dubbels: *Sprachkritik und Ethik*, S. 109.
[134] Landauer: *Skepsis und Mystik*, S. 44- 45.
[135] Ebd., S. 47.
[136] Vgl. Dubbels: *Sprachkritik und Ethik*, S. 108-109.

Allerdings ist die Bewertung dieser unterschiedlich. Wo Landauer beide Erkenntnisarten als zu restriktiv befindet, sie dabei aber für seinen epochalen Telos nutzbar zu machen versucht, fällt Spinozas Entscheidung eindeutig zu Gunsten einer rationalen Erkenntnis aus, führt jedoch gleichzeitig mit der intuitiven Wesensschau (*scientia intuitiva*) eine dritte Erkenntnisart ein.[137] Hierbei wird das willkürlich-assoziative Erkennen unter die Vorherrschaft des rationalen Erkennens gestellt und somit in Konjunktion gebracht. Dadurch erkennt das Individuum seine Integriertheit in den äußeren Gesamtzusammenhang als parallel laufend zu der Integriertheit innerhalb seines eigenen inneren Gesamtzusammenhangs und gelangt damit zum *unmittelbaren* Erkennen.[138] Diese dritte Erkenntnisart, wie schon Dubbels mit Vorarbeit und entscheidendem Hinweis von Delf konstatiert hat, besitzt bei Landauer tatsächlich eine Entsprechung als Produzent neuartiger, präzedenzloser Ausdrucksmittel.[139] Hierbei werden von Landauer beide Erkenntnisarten zusammenführt, um zu einer neuen Erkenntnisart zu kommen, deren Namen er nicht nennt und die er nur als *individuelle* Wirkweise erklärt.

3.2 Auswertung

Sowohl Spinoza als auch Landauer nehmen die Hypothek der Nominalisten auf und führen sie weiter. Während Spinoza zwischen wahrer Erkenntnis durch die Vernunft und inadäquater Erkenntnis durch das willkürliche Imaginationsvermögen unterscheidet, um schlussendlich zu Gunsten der Vernunfterkenntnis zu plädieren, übt Landauer in diesem Zusammenhang besonders Kritik an der rationalen Erkenntnis. Darüber hinaus stimmen beide Denker einer graduellen Erkenntnisfähigkeit zu, wobei Spinoza von einer objektiven Erkenntnismöglichkeit ausgeht, von der sich Landauer aber nicht als Fürsorger verstehen will. Aus der Substanzkonzeption Spinozas folgen die Erkenntnisarten streng hierarchisch, wobei die jeweils nachfolgende die vorherige überprüft und ihr überlegen ist. Den Kulminationspunkt stellt dabei die intuitive Wesensschau dar, der bei Landauer erst einmal nur das Produkt einer solchen (spontane Neukreation) gleicht. Eine gewisse skeptisch bis nihilistische Grundhaltung könnte als Erkenntnisweise betrachtet werden, gleicht allerdings keiner der spinozischen Erkenntnisarten, son-

---

[137] Vgl. Spinoza: *Ethik*, Teil II, Lehrsatz 40, Anm. 2.
[138] Vgl. Kisser: *Selbstbewußtsein und Interaktion*, S. 87.
[139] Vgl. Dubbels: *Sprachkritik und Ethik*, S. 110 u. Delf: *"In die größte Nähe zu Spinozas Ethik"*, S. 75.

dern drückt eher eine Eigenart Landauers aus. Was die Zweitthese in diesem Zusammenhang betrifft, so kann sie an diesem Punkt bereits verifiziert werden, da spätestens hier klar geworden ist, welche Intention Landauer verfolgt, indem er die Möglichkeit eines generellen Wahrheitsanspruchs ablehnt. Für Landauer stellt sich nicht mehr die Frage nach wahrer Erkenntnis, sondern er verlagert den Akzent auf Neukreation durch die Variable der Individualität, welche identisch mit dem Begriff Anarchismus ist.

4. Kapitel

Individualität und Freiheit

4.1 Anarchismus und Sozialismus

Da Landauer sich in seinen Werken explizit gegen den freien Willen ausspricht, stellt sich die Frage, wie er dies herleitet. Um seine Ansicht eines determinierten Willens nachvollziehen zu können, lohnt sich eine genauere Erörterung seines Anarchismus- und Sozialismusverständnisses als ein Begriffsduo. Im zweiten Kapitel dieser Studie wurde bereits darauf hingewiesen, dass bei Landauer Anarchismus und Individualismus eine Gleichung darstellen, also somit identisch sind. Des Weiteren sind die erkenntnistheoretischen und ontologischen Relationen dieser Gleichung weitestgehend geklärt und somit alle Voraussetzungen geschaffen worden, um das philosophische Konzept Landauers aus seiner gesellschaftskritischen Zentrierung heraus begreifen zu können. Inwieweit spinozische Elemente die Theorie Landauers inspiriert haben, soll dabei abermals evaluiert werden. Einige relevante Vorüberlegungen können aus folgendem Zitat extrahiert werden, in welchem Landauer selbst in Form eines Gleichnisses dieses Begriffsduo und dessen scheinbare Paradoxie zu erklären versucht:

> Man denke sich eine Stadt, in der ab und zu die Sonne scheint und hin und wieder Regen fällt. Wenn nun einer aufträte und sagte: gegen den Regen können wir uns nicht anders schützen, als dadurch, daß wir einen ungeheuren Schirm über die ganze Stadt aufspannen, unter dem jedermann jederzeit, auch wenn es gar nicht regnet, sich zu bewegen hat, dann wäre das ein >>Sozialist<< nach der Erklärung der Sozialdemokraten. Wenn dagegen ein anderer spräche: sowie es regnet, nehme jeder von den Schirmen, die gerade in der Stadt vorhanden sind, einen für sich, und wer keinen mehr kriegt, soll selbst sehen, wo er bleibt – dann wäre das der >>Anarchist<<, wie ihn die Sozialdemokratie als Schreckensgespenst an die Wand malt. Wir Anarchisten-Sozialisten dagegen wollen nicht alle Einzelnen unter den großen Gesellschaftsschirm zwingen, und sind ebenso wenig töricht, um den Besitz der Schirme eine Keilerei zu beginnen, sondern wo es zweckmäßig ist, benutzen kleinere und größere Gesellschaften einen gemeinsamen Schirm, den man aber jederzeit entfernen kann; wer alleine

gehen will, habe seinen Schirm für sich, sofern er sich allein behaupten kann, und wer naß werden will, den zwingen wir nicht zur Trockenheit.[140]

Dieses längere Zitat steht stellvertretend und zeigt in komprimierter Form, wie Landauer zufolge die Idee des anarchistischen Sozialismus unter theoretischen Gesichtspunkten praktisch zu realisieren ist, gibt aber auch einige philosophische Implikation mit auf den Weg. So ist auch hier das schwierige Verhältnis zwischen dem Individuum und der Gemeinschaft zentral gestellt. Auch eine erneut kritische Reflexion Landauers in diesem spezifischen Kontext kann als eine Überführung des Sprachnominalismus auf eine gesellschaftskritische Ebene betrachtet werden. So wird der Allgemeinauffassung des einen politischen Lagers, welche dem Anarchismus einen ethischen Solipsismus unterstellt, die individualistische Auffassung vom Anarchismus nicht nur als praktisches Addendum, sondern auch als übergangenes Integral kritisch gegenübergestellt. Dieses stellt auch gewissermaßen das Hauptproblem der Ethik an sich dar, das dem Einzelwesen grundsätzlich einen moralischen Mangel unterstellt. Allerdings ist auch die idealistische Geistesausrichtung Landauers immanent, muss er doch von einem dem Individuum zugrunde liegenden Sozialisierungsprinzip ausgehen, gerade wegen des *nur* graduellen Vermögens zur Vernunft, durch das sich die (anarchistischen) Individuen – wenn auch nur vorübergehend – gruppieren und im Zeitraum der Zusammenkunft auch „natürlich-normativ" definieren. Dies passiert einerseits unter teleologischen Gesichtspunkten und andererseits durch die Einsicht, dass die Gemeinsamkeit mit dem Gegenüber in der Individualität besteht. An dieser Stelle sei deswegen noch einmal darauf hingewiesen, wie wesentlich Landauers Konzepte der Absonderung und der skeptischen Grundhaltung als pädagogische Leitziele in Bezug auf das Individuum sind. Der natürliche *conatus* des Individuums, der auch als Selbstbehauptung und Selbsterhaltung gegenüber seiner Umgebung auftritt, wird an das sozialistische Gesellschaftskonzept geknüpft, damit das Gesamtkonzept nicht in einem ethischen Solipsismus mündet. Das geschieht bei Landauer dadurch, dass das Individuum seinen *conatus* freiwillig einer Zweckgemeinschaft angliedert, deren Zielsetzung genau seinem *conatus* entspricht. Diese Zielsetzung wiederum ist eine rein anarchistische, also individuelle. Sozialismus in diesem Zusammenhang bedeutet für Landauer die Verbindung, der gemeinschaftliche

---

[140] Landauer: *Anarchismus - Sozialismus*, in: *Signatur: g.l., Gustav Landauer im „Sozialist". Aufsätze über Kultur, Politik und Utopie (1892-1899)*, Link-Salinger (Hyman), R. (Hrsg.), Frankfurt a. M. 1986, S. 219-220.

Geist, der erst Individuen zueinanderkommen lässt. So ist der Sozialismus das Mittel, die Art und Weise, durch das der Anarchismus umgesetzt werden soll:

> Der Anarchismus ist vorangestellt als das Ziel, das erreicht werden soll: Die Herr-schaftslosigkeit, die Staatslosigkeit, das freie Ausleben der einzelnen Individuen. Und dann wird angegeben, durch welches Mittel wir diese Freiheit der Menschen erreichen und sicherstellen wollen: durch den Sozialismus, durch das solidarische Zusammen-halten der Menschen in allem, was ihnen gemeinsam ist (…).[141]

4.2 Altruismus und Egoismus

Ob allerdings ein Konsequentialismus, wie es Landauer im ersten Zitat des vorherigen Unter-kapitels impliziert, als Richtschnur für die egoistische Natur genügt, ist fragwürdig und kann nur durch Maßregelungen des Vernunftprinzips ergänzt werden, dessen Funktion nach Lan-dauer ein Altruismus übernimmt. Dem ausschließlich menschlichen Kunstprodukt Egoismus wird ein „natürlicher" Altruismus gegenübergestellt:

> Der Egoismus ist nicht der ursprüngliche Trieb des Individuums, sondern im Gegen-teil: er ist der letzte Trieb, der erst später aus den ganz und gar anders gestalteten Trie-ben des Menschentieres erwachsen ist. Der Egoismus ist ein Drang, den der Mensch vor allen Tieren voraus hat, und der in bei weitem den meisten Fällen im Dienste der nichtegoistischen Triebe steht. Nicht dem Ich, nicht der Bewußtheit dienen die tieri-schen Triebe, sondern der Art und der Erhaltung; und im Dienste der Art, des Men-schengeschlechtes, stehen fast immer die vermeintlich-egoistischen Triebe und Hand-lungen der Individuen.[142]

Landauer fasst dieses also wie folgt zusammen:

> (…) der Altruismus ist der ursprünglichere Trieb des Menschen: der Egoismus ist eine späte Entwicklung.[143]

---

[141] Ebd., S. 218.
[142] Landauer: *Zur Entwicklungsgeschichte des Individuums*, S. 327.
[143] Ebd., S.347.

Was Landauer hier anspricht, zeugt abermals von der Kontinuität seiner skeptischen Grundhaltung, entlarvt sich doch der Egoismus, wie er im allgemeinsprachlichen Konsens verstanden wird, als ein zunächst unreflektierter.[144] Egoismus in der Bedeutung als Eigennützigkeit ist bestimmten Zielen untergeordnet, welche indes nicht das Individuum selbst entwirft, sondern eine Art Wollung, oder anders formuliert, sein Wille. Dass dieser von den Trieben und Leidenschaften abhängt und ein Konglomerat aus unterschiedlichen Arten dieser darstellt, determiniert ihn insofern kausal, als diese wiederum auch anderen Ursprungs sind. Wichtig in diesem Zusammenhang sind also die zwei Haupttriebe zur Selbst- und Arterhaltung. Daher dient auch die Arterhaltung als Selbsterhaltung, stellt doch das Individuum als ein Zusammengesetztes bei Landauer auch eine eigene Art oder Organismus dar (siehe Kapitel 2.1). Daher ist der Trieb der Selbsterhaltung ein Trieb der Arterhaltung, nur dass er in der letztgenannten Bedeutung auf einen größeren Organismus, nämlich den menschlichen Gemeinschaften, angewandt wird. So wohnt in der Tat eine natürliche und unhintergehbare Zweckmäßigkeit, frei nach dem zwar zweckrationaleren, aber im Ergebnis identischen Motto Spinozas, dass dem Mensch ein anderer Mensch am nützlichsten ist, inne.[145] Was nun das *Ich* oder die Ich-Zentriertheit als Bewusstheit betrifft, so bezeichnet es nicht den Egoismus, sondern ein wertfreies Neutrum der Beobachtung und meint deswegen etwas anderes bzw. ist an sich schon etwas anderes als die Bedeutung des gemeinsprachlichen Worts Egoismus.

4.3 Determinismus und Willensfreiheit

Der Wille also ist den geistigen und körperlichen Trieben unterstellt und setzt sich aus äußeren sowie inneren Umständen zusammen, ist somit kausal und determiniert:

> Der Wille des Menschen ist nicht nur beschränkt, so daß er z.B. auf das Schlagen des Herzens, auf die Atmung, auf die Funktion der inneren Organe keinen endgültigen Einfluß ausüben kann, er ist auch direkt *unfrei*, da jede einzelne Willensregung verursacht ist durch irgendeinen seelischen oder leiblichen, inneren oder äußeren Umstand.[146]

---

[144] Delf: *"In die größte Nähe zu Spinozas Ethik"*, S. 73.
[145] Vgl. Spinoza: *Ethik*, Teil IV, Lehrsatz 35.
[146] Landauer: *Zur Entwicklungsgeschichte des Individuums*, S. 336.

Des Weiteren führt die Analyse der Zitate zu einer altbekannten Konstante in Landauers Denken, die bereits als eine typisch spinozische ausgewiesen werden konnte.[147] An dieser Stelle soll abermals Landauer zu Wort kommen:

> Gibt es also keine Freiheit des Willens, so existiert keine selbstständige Seele, sondern nur eine bedingte, in jeder Weise abhängige Seele, kein absolutes Individuum, sondern nur ein Teil eines festgefügten, unzerreißbaren Ursachenkomplex. (…) Weder kann man sagen, daß die Seele den Leib beherrscht, noch umgekehrt, und ebensowenig ist es richtig, daß z.B. das Hirn die *Ursache* des Denkens sei, vielmehr sind, wie Spinoza zuerst mit Klarheit erkannt hat, Leib und Seele, Hirn und Geist, zwei ganz und gar, von Grund auf verschiedene Erscheinungen derselben Sache (…).[148]

Hieran wird deutlich, was die weiteren Folgen der Übernahme des spinozischen Parallelismus sind, bedeuteten sie doch auch das Erbe der immanenten Kausalität und dadurch die Anleihe des endlichen Modus als bedingte Seele. Dass dieses in der Unfreiheit des Willens mündet, ist in dieser Betrachtungsweise deduktiv zwingend.[149] In Spinozas Determinismus, der im „Zeichen eines absoluten Rationalismus"[150] steht, liegt die gesamte Natur und damit auch die die Ausdehnung und das Denken einem Ursache-Wirkungsprinzip zu Grunde.[151] Dieses wiederum liegt in der Substanz selbst begründet und wird als ihre Notwendigkeit ausgeschrieben (siehe Kapitel 2.3). Handlung und Denken sind dadurch die direkten Folgen des Attributs des Denkens und der Ausdehnung als ein serieller Zweitparallelismus.[152] Die beiden Wirkweisen offenbaren sich einmal als innerweltliche Kausalität, die sich als Welt der Körperlichkeit darstellt, als auch im Attribut des Denkens als modifiziert wahrgenommene, immanente Kausalität der Substanz.[153] Es scheint aber nach Spinoza in dem Fall keine Rolle zu spielen, dass die immanente Kausalität an sich unerkannt bleibt, kann doch auch von ihrer modifizierten Variante auf sie selbst rückgeschlossen und damit ihre Gesetzmäßigkeiten begriffen werden. Dies ist auch der Grund, durch den er die *ratio* erst als adäquate Art des Erkennens definieren

---

[147] Vgl. Delf: *"In die größte Nähe zu Spinozas Ethik"*, S. 74.

[148] Landauer: *Zur Entwicklungsgeschichte des Individuums*, S. 337.

[149] Vgl. Spinoza: *Ethik*, Teil II, Lehrsatz 48.

[150] Vgl. Dittrich, Dittmar: *Zur Kompatibilität von Freiheit und Determinismus in Spinozas Ethica*, Hamburg 2003, S. 86.

[151] Vgl. Spinoza: *Ethik*, Teil I, Lehrsatz 25-29.

[152] Vgl. Kisser: *Selbstbewußtsein und Interaktion*. S. 75-76.

[153] Vgl. Spinoza: *Ethik*, Teil I, Lehrsatz 18; Teil II, Lehrsatz 7 u. Teil V, Lehrsatz 1.

kann. Demzufolge impliziert Spinoza tatsächlich eine dritte Kausalität, nämlich die „modifizierte" Version der immanenten Kausalität an sich, die den Individuen in ihrem Denken zugänglich ist und schlussfolgernd auch eine Entsprechung in der Welt der Körperlichkeit haben muss.[154] Man könnte dies als einen – freilich nicht in einem allzu holistischen Sinn verstandenen – Verbundseffekt beschreiben, der durch die Attribute und Modi als Individualisierungen der spinozischen Substanz hervorgeht. Diesem entspricht im philosophischen Denken Landauers die zu erkennende Individualität an sich in ihrer Verbindung zu der erkannten Individualität der Individuen und steht damit auch synonym für die Natur des Anarchismus, wie ihn Landauer versteht. Der Sozialismus hingegen stellt die positive Seite zum Anarchismus dar und ist als solcher – nämlich *societas* – der Bund als ein ideell-zwischenmenschlicher, der aus der Befreiung des Individuums durch den Anarchismus hervorgeht:

> Anarchie ist nur die negative Seite dessen, was positiv *Sozialismus* heißt. Die Anarchie ist der Ausdruck für die Befreiung des Menschen vom Staatsgötzen, vom Kirchengötzen, vom Kapitalgötzen; Sozialismus ist der Ausdruck für die wahre und echte Verbindung zwischen Menschen, die echt ist, weil sie aus dem individuellen Geist erwächst, weil sie als das Gleiche und Eine im Geiste des einzelnen, als lebendige Idee blüht, weil sie zwischen den Mensch als freier Bund ersteht.[155]

Landauers streng determiniertes Individuum auf der einen und der Anarchist im Sinne eines Befreiten bzw. Befreier auf der anderen Seite scheinen zu oktroyieren. Es stellt sich zum Problem der durchgängigen Determiniertheit allein deswegen schon die Frage, wie es überhaupt möglich sei, bei dieser Art von Determiniertheit ein frei handelndes Individuum und eine Befreiung in der Art des Anarchismus zu denken bzw. realisieren zu können. Dies lässt sich erst beantworten, wenn die Trieb- und Emotionsnatur innerhalb ihrer Fremd- und Selbstaffiziertheit betrachtet wird.

4.4 Affektivität

Delf hat auch zu diesem Punkt den entscheidenden Hinweis geliefert, dass die anthropologisch zentrierte Philosophie Landauers darauf abzielt, die Vermittlung zwischen Trieb und

---

[154] Vgl. Kisser: *Selbstbewußtsein und Interaktion.* S. 75-76
[155] Landauer: *Individualismus,* S. 144.

Geist als Element der Humanität zu propagieren, wobei Landauer ähnlich wie Spinoza den Trieb als ein natürlichen betrachtet und ihn damit aus seiner negativen Behaftung – freilich unter der Voraussetzung einer dem Geist entwachsenen kritischen Erkenntnis und der ihr auf dem Fuße folgenden Gelassenheit – zu befreien versucht.[156] Sie sieht besonders in Landauers Spätwerk – einer Studie über Shakespeares Dramen – Parallelen zur spinozischen Affektenlehre, welches auch signifikante Rückschlüsse auf sein eigenes Denken über die vielfältigen zwischenmenschlichen Problematiken zulässt. So erklärt Landauer selbst, dass Spinoza darin ausdrücklich als interpretatorischer Norm dient.[157] Das Triebleben des Menschen und die Notwendigkeit einer kontinuierlichen ethischen Inspektion durch den Geist sind nicht nur Programmpunkt in diesem letzten großen Werk seines literarischen Schaffenswegs, sondern stechen im gesamten Werkumfang als eindeutige Ausgangspunkte für den applikativen Bereich aus dem ethischen Konzept Landauers hervor. So ist nicht nur das „seelische Erleben" und die von Spinoza übernommene Determiniertheit des Willens (Affekt) in diesem Zusammenhang von Bedeutung, sondern auch das Individuum als solches, welches das Zusammenspiel dieser Komponenten erlebt und reflektiert:

> All unser Dasein setzt sich aus Momentpunkten zusammen, nicht Raumpunkten oder Atomen, sondern Gefühlspunkten, deren einer sofort dem andern Platz macht, und so immer und immer weiter. Es ist aber nicht so, daß jeder Punkt sofort verschwindet und dann einer kommt, der wieder gleich geht, und so fort: das ist keine Vorstellung, die sich ausdenken läßt; es wäre ja gar nichts, wenn es so wäre. Jeder Gefühlspunkt hat vielmehr sein natürliches Weiterklingen und Abebben und ist erst dadurch wirklich, daß er diese leise, verfliegende Dauer hat, die man Erinnerung oder Selbstbewußtsein (conscientia sui) nennen könnte, wenn diese Worte nicht meist ganz anders gemeint würden.[158]

Stand durch Landauers kritische Erkenntnistheorie ein relativ flüchtig definiertes *Geistprinzip-Geist*-Verhältnis originär, so wird nun das Geistprinzip erstmals noch näher präzisiert. Die Rede ist hier von „Gefühlspunkten", die zeitliche Momente sind, aber eine empfangend-passive Qualität haben und aus denen sich das Geistprinzip collagiert. Die Individualität ist

---

[156] Vgl. Delf: *"In die größte Nähe zu Spinozas Ethik"*, S. 84-90.

[157] Vgl. auch das Vorwort von Martin Buber in: Landauer, Gustav: *Shakespeare*, Buber, M. (Hrsg.), Hamburg 1962

[158] Landauer: *Skepsis und Mystik*, S. 59.

eine Art Mittelpunkt als substanzloser Körper, durch den die besagten Gefühlpunkte transitieren. Für sich selbst gesehen, ist das Individuum ebenfalls ein Gefühl, nämlich das Ichgefühl, was auch das Seelenhafte, die Individualität, ist und in seinem Eingebundensein in die Zeitlichkeit sowohl unhintergehbar als auch pluralistisch ist:

> Während es mir also unmöglich ist, wie ich zeigte, von der Zeit und meinen Ichgefühlen abzusehen (…)[159]

Da es als ein offener Komplex allerdings nicht nur kausal determiniert ist, sondern sich der Totalität seiner inneren Verstrickungen nicht bewusst sein kann, wird es auch von seinem Triebleben in summa affiziert:

> So wenig unser Oberbewußtsein von den mächtigen und realen Seelenleben unseres angeblich unbewußten, nämlich dem Oberbewußtsein unbekannten Trieb-, Reflex- und körperlich automatischen Lebens weiß (…)[160]

Aber es scheint auch, als ob der Trieb und das Gefühl bei Landauer durchaus verschiedene Sachen sind. Die Kategorisierung läuft erneut parallel, da das Geistprinzip Gefühlspunkte wahrnimmt und die Entsprechung in der Welt der Körperlichkeit die Trieb- und Reflexautomatik des Körpers ist. Im Vergleich zu Spinozas Affektentheorie ist augenscheinlich, dass die Affekte bei ihm ebenfalls in zwei Kategorien, nämlich in ein geistigen (*affectus*) und einen körperlichen (*affectio*) Moment unterteilt sind.[161] Eine Anleihe Landauers ist im höchsten Maße wahrscheinlich, da seiner Auffassung auch das parallelistische Modell zu Grunde liegt, dessen Urheberschaft, wie bereits im Verlauf dieser Studie evident deutlich gemacht wurde, auf Spinoza verweist. Des Weiteren impliziert das obige Zitat, dass Landauer Spinozas Ansicht, der Mensch wäre als solcher hauptsächlich leidend, teilt. Er kann sich zwar seiner Triebe bewusst sein, aber die Tatsache, dass er einer Triebnatur unterliegt, an sich nicht ändern. So wird sein Trieb aus äußeren und inneren Faktoren gesteuert, die er unmöglich in ihrer Totalität – also gesamten Ursächlichkeit – überblicken kann.

---

[159] Ebd., S. 54.

[160] Ebd., S. 16.

[161] Kritische Anmerkung: Die Verwendung der Begriffe scheint bei Spinoza allerdings nicht immer einheitlich, vgl. Newmark, Catherine: *Passion – Affekt – Gefühl, Philosophische Theorien der Emotionen zwischen Aristoteles und Kant*, Hamburg 2008, S. 162.; Für die besagten Unterteilung, vgl. Spinoza: *Ethik*, Teil III, Lehrsatz 11.

4.5   Freiheit und ethischer Telos

Wie nun ist es nach Landauer und Spinoza in Anbetracht der kausalen Determiniertheit des Willens und der Affekte überhaupt möglich, dass sich das Individuum als Mensch als frei handelnd denken bzw. realisieren kann? Bei Spinoza scheint dieses relativ unproblematisch zu sein, zeichnet sich das Individuum doch durch eine graduelle Teilhabe am Attribut des Denkens aus, welches sich ausschließlich aus dem unendlich-aktiven bzw. selbstbewirkenden Seinspotential der Substanz speist. So hat auch das Individuum das Potential sich als ein freies zu *denken* und damit auch als ein frei handelndes umzusetzen. Ein wichtiger Punkt dabei ist, dass Spinoza die Möglichkeit des Menschen zum freien Handeln als ein folgerichtiges Handeln aus der adäquaten Erkenntnis heraus sieht. Diese kann aber keine Beurteilung aus dem Affekt heraus sein, da dieser größtenteils fremdbestimmt ist und damit Erkenntnis aus unsicherer Erfahrung darstellt, sondern sie tritt aus der Vernunfterkenntnis hervor, deren Bedingung den Fremdbezug als ein vernünftigen Selbstbezug miteinbegreift und sich aus der Kultivierung und Bemeisterung der Affekte ergibt.[162] Genau hierin liegt bei Spinoza die einzige Möglichkeit zur Freiheit – einer aktiven Freiheit – der individuellen Freiheit. Landauers Konzept der Freiheit durch Wirksamkeit, wie im Folgenden erläutert werden soll, stimmt auffällig mit der oben beschrieben Sichtweise Spinozas überein, überführt dieses aber in eine gesellschaftskritische Erklärungsweise. Landauer leitet diese allerdings nicht weiter her, sondern sie folgt aus seinem Verständnis von Anarchismus. So proklamiert Landauer:

> (…) Du, du, nur du bist dein eigener Feind, du als Masse! Wenn der einzelne dann antwortet: Ich, was kann denn ich armes Luder ändern oder helfen? Dann ist ihm zu erwidern: Was du auf Grund deiner Erkenntnis von deiner Selbstständigkeit, Verantwortung und Machtfülle als einzelner tun und lassen magst, das hängt von deiner Art, deiner Tapferkeit, deiner Liebe zum Leben und zur Bequemlichkeit und tausend Dingen ab, die das Geheimnis deiner Natur und deine privateste Sache sind.[163]

Hieran ist ersichtlich, dass auch bei Landauer die Erkenntnis der Freiheit der erste Schritt zur Selbstbestimmtheit, nämlich der Selbstbestimmtheit durch Selbsterkenntnis, ist. Nur erwächst

---

[162] Vgl. Spinoza: *Ethik*, Teil V, Vorrede.
[163] Landauer: *Individualismus*, S. 141.

dieser Erkenntnis bei ihm nicht wie bei Spinoza aus einer rein rationalistischen Betrachtungsweise, sondern aus der erkannten Subjektivität.

Auch in einem anderen Punkt unterscheiden sich die Ansichten, nämlich darin, wie mit den Affekten als unbedingt gegebene im praktischen Sinn umzugehen sei. Typisch für den rationalistisch-positivistischen Grundtenor seiner Zeit, kommt Spinoza zu der Einsicht, dass diese, als natürliches Phänomen betrachtet, ebenso Gesetzmäßigkeiten unterliegen müssen, die durch die Vernunft unmittelbar ergründbar sind und es so die Möglichkeit gibt, diese auszusteuern.[164] Sein Katalog an disziplinarischen Besinnungsmethoden zur Gegensteuerung der besonders hartnäckigen Affekte durch ihre jeweiligen Komplementäraffekte stellt einen eindeutigen Moment der applikativen Ethik dar und soll dem Individuum nicht nur als moralische Richtlinie, sondern als praktischer Leitfaden dienen. Landauers Praxis hingegen ist die Anarchie des Individuums und inhaltlich Privatsache bzw. hängt von den jeweiligen individuellen Gewohnheiten ab. Des Weiteren wurde oben bereits angesprochen, dass Landauer sich für ein neues unbefangeneres Bewusstsein in Hinblick auf die Hingabe zur Gefühls- und Triebnatur ausspricht, was eindeutig nicht im Sinne Spinozas scheint. Dies ist bei Landauer, so muss ergänzend gesagt werden, sicherlich auch dem neuromantischen Zeitgeist seiner Epoche geschuldet. Es lässt sich allerdings auch dabei ein kritischer Akzent feststellen. So kritisiert er den Dekandentismus seiner Zeit als ein Endprodukt, einem Gefühlskontrast aus spätromantischen Idealismus und Sozialdarwinismus, erwachsen aus der rationalen Wissenschaftspragmatik und ihrer mechanistischen Weltanschauung, welche das Selbstbewusstsein der Individuen restringiert:

> Die Wissenschaft hat sich nicht allmählich aus geringerem und bescheidenem Keime zu uns herauf entwickelt; wenn sich etwas auf diesem Gebiete aus kleinsten Anfängen zu achtbarer Größe hinaufgesteigert hat, so ist es vielmehr gerade die Bescheidenheit und Resignation.[165]

Shakespeare wird dabei vom anarcho-sozialistischen Revolutionär Landauer in Hinblick auf die Befreiung aus diesen Zuständen gelesen und in dieser Hinsicht ist es die Befreiung von extremen Trieb- und Denkmustern, sowie einer einseitigen Ausrichtung. Die maßvolle

---

[164] Vgl. Spinoza: *Ethik*, Teil III, Vorwort.
[165] Landauer: *Shakespeare*, S. 242.

Konstellierung ist ein Ausgleich durch einen stetigen gesamtgesellschaftlichen und innerindividuellen Aktualisierungsprozess kraft der Vernunft. Die Befreiung ist demzufolge – in Anlehnung an Spinoza – ein Selbstaktionismus durch Selbsterkenntnis:

> (…) die Götter und Dämonen, die sie [Menschen] necken und plagen und hetzen, wohnen in ihrem Innern. Shakespeare hat die Gebundenheit und Gefangenschaft des Menschen tiefer gezeigt, weil er seine Freiheit gezeigt hat; weil wir bei ihm schaudernd gewahren, daß wir alle unsere eignen Schließer, unsre eignen Knechte, unsre eignen Mörder sind, und weil wir bei ihm das ganze Räderwerk des inneren Mechanismus erblicken, mit dem wir unser Herz zu unsrer Folterkammer machen.[166]

In Landauers – wenn auch stark polarisierender – Interpretation zum Charaktertypus des „Shylocks" aus Shakespeares Werk „Der Kaufmann von Venedig" findet die Notwendigkeit zur Umwandlung der extremen Trieb- und Denkmuster durch die Vernunft ganz im Sinne Spinozas Zuspruch:

> Er ist ein Mann nur von Verstand und Trieben und also, mit Spinozas Unterscheidung gesagt, ein in sich gebundener, stöckischer Knecht, kein mit seinesgleichen verbundener Freier; in sich gebunden und doch zugleich in sich, mit sich zerfallen; denn die höhere Sphäre, die erst zur Einheit ruft, die aus dem Verstand die Ratio, die Beschauung und Weisheit, den universalen Geist, aus den Trieben die Emotionen, das Gefühl, die Empfindungsseligkeit zu machen vermag, die die Gier in die Sehnsucht, die Wut ins Heroische wandelt, die fehlt völlig.[167]

Die individuellen, historischen und mythischen Schicksale sind für Landauer ein Verkennen und Verleugnen der Möglichkeiten zur inneren Selbstbefreiung im Angesicht der scheinbar unüberwindbaren Knechtschaft durch die äußere Totalität. Dennoch wird gerade dann die Erkenntnis des *Teil*-Seins dieser Welt als ein *Ganz*-Sein mit der eigenen subjektiven Welt tatsächliche Wirklichkeit, wenn sie nicht nur die Annahme des eigenen Seins bedeutet, sondern auch die des Wirkens in diesem, was eine aktive Machtextension, aber dann auch eine aktive Fremdverantwortung als Selbstverantwortung impliziert. So kommt nach der Erkenntnis über die Trieb- und Denkmuster „die Zusammenziehung all unserer inneren Kräfte, und

---

[166] Ebd., S. 153.
[167] Ebd., S. 61.

die Attraktion, die Hineinziehung des Weltalls in unseren Machtbereich."[168]. Es ist nicht der Pessimismus, der die Konsequenz dieser neuartigen Erkenntnis ausmacht, sondern ein empfindungsseliger Konstruktivismus. Das Wirken zieht eine Sequenzierung nach sich und produziert Wirklichkeiten durch sich selbst in einer Art selbstverstärkenden Prozess:

> Wir sagen also: was wirkt, ist gegenwärtig; was wirkt, das stößt und drängt, was wirkt, das übt eine Macht aus, was eine Macht ausübt, ist da, was da ist, ist lebendig.[169]

Aus dem Vorhergehenden wird ersichtlich, dass die praktische Ethik bei Landauer einen großen Stellenwert einnimmt, nur ist die Art der Beschreibung mit der er sie an den Adressaten – also dem Individuum als auch der Gemeinschaft – übergibt, insofern genuin, als sie ganz seiner mystisch-anarchistischen und utopisch-sozialistischen Ideenverflechtung entspricht. Das individuell-ethische Telos ist die Empfindungsseligkeit, welches bei Spinoza der Glückseligkeit entspricht und dem die Suche nach intrinsischem Glück vorausgeht.[170] Einen Eudämonismus kann man in diesem Zusammenhang aber weder Spinoza noch Landauer zuschreiben, gehen sie doch beide davon aus, dass das extrinsische Glück ein notwendiges Nebenprodukt des intrinsischen Glücks ist. Spinoza definiert diesen Prozess, der zur Glückseligkeit führt, als eine Liebe, die auf Gott als erkanntes Vernunftprinzip gerichtet ist, also in dieser Gerichtetheit ein substanzielles Prinzip ist.[171]

An dieser Stelle ist es zweckdienlich einen kurzen Abriss der für diesen Zusammenhang wichtigen Begriffe der spinozischen Affektenlehre aufzubereiten. Die Liebe als Affekt ist der Freude unterstellt, die eine der zwei Hauptarten der Begierde darstellt.[172] Die Begierde wiederum, begriffen als ein affektives Begehren, gehört zur Wesenheit des Menschen selbst.[173] Daraus entspringt der Affekt der Freude, welcher zu größerer Vollkommenheit führt und auch ihr Gegensatz, oder besser ausgedrückt, ihre Umkehrung, die Trauer, die ihrerseits zu geringerer Vollkommenheit überleitet.[174] So wird nun die Liebe, welche die Eigenschaft hat zu verbinden, auf den höchst möglichen Gegenstand, den es zu betrachten gilt, nämlich Gott als

---

[168] Landauer: *Skepsis und Mystik,* S. 8.
[169] Ebd., S. 11.
[170] Vgl. Spinoza: *Ethik,* Teil V, Vorrede.
[171] Vgl. ebd., Lehrsatz 36.
[172] Vgl. Spinoza: *Ethik,* Teil III, Definitionen der Affekte, 1., 2. u. 6.
[173] Vgl. ebd., Definitionen der Affekte 1.
[174] Vgl. ebd., Definitionen der Affekte, 1., 2. u. 3.

absolutes Vernunftprinzip – „sub species aeternitatis" – angewandt.[175] Die dadurch entstehende Begierde ist die Freude als andauernde Glückseligkeit. Die Tugend, durch die Vernunft erkannt, bedeutet erkannte Wirkmacht und bestimmt den freien Menschen, der durch sie sich selbst bestimmt.[176] Ihr Ergebnis setzt die Erkenntnis ihrer als innere Affirmation voraus:

> Die Glückseligkeit ist nicht der Lohn der Tugend, sondern genau Tugend; noch habe wir eine innere Freude an ihr, weil wir unsere sinnlichen Lüste hemmen; sondern umgekehrt, weil wir an ihr eine innere Freude haben, können wir unsere sinnlichen Lüste hemmen.[177]

Eine Analogie zu Landauers „Unendlichkeitsgefühl" im Sinne einer Erfahrbarkeit der „Ewigkeit in uns" im „seelischen Erleben" des sich wirksam erkennenden Individuums ist hier durchaus denkbar. Es ist bei ihm nur keine rationalistisch-absolute Vernunft, die die Bedingung für dieses Gefühl darstellt, sondern ein gegebener Altruismus, der in der Überführung in einen geistigen Bund als erkannt *empfunden* wird. In diesem Zusammenhang erst ist der Freiheitsbegriff Landauers eine Entscheidung zum eigenen Sein ohne Bedingung.

So hat der freie Mensch bei ihm auch die Wahrheit der Wirklichkeit als eine Unwahrheit erkannt und entscheidet sich zu einer spielerischen Aktivität durch Heiterkeit:

> (...) wenn dieser Nihilismus und diese Ironie nicht der Weg wäre zum Spiele des Lebens, zur Heiterkeit und zur ungeglaubten Illusion? Illusion – eine geglaubte Idee, ein heiliges Ziel – das war bisher der Bann der Völker, der alle Kultur geschaffen hat. Da nun dieser Bann von uns genommen ist – da wir keine Religiosi mehr sind – wollen wir nicht Träumer sein? Fliegende? Künstler? Freie?[178]

Das Ziel ist für Landauer somit klar. Auslösend dafür ist, dass die Selbsterkenntnis den Weg aus der extremen Trieb- und Verstandesnatur geebnet hat und eben dieser muss auch über sie selbst hinausführen. Die vorläufige ethische Erkenntnis, die Landauer für den zukünftigen Menschen als Vorgabe sieht, wird abermals am Vergleich mit Shakespeares Dichtung festge-

---

[175] Vgl. Spinoza: *Ethik*, Teil V, Lehrsatz 33-36.
[176] Vgl. ebd., Teil IV, Definitionen 8.
[177] Ebd., Teil V, Lehrsatz 42, zitiert nach: Spinoza, Baruch de: Die Ethik nach geometrischer Methode dargestellt, Lateinisch-Deutsch, Bartuschat, W. (Übers.), Sämtliche Werke Bd. 2, PhB 92, Hamburg 2010, S.
[178] Landauer: *Skepsis und Mystik,* S. 2.

macht und begreift sich explizit in Analogie zu Spinozas intuitiver Wesensschau.[179] So proklamiert er:

> Von dieser Sklaverei der Sinne, in der der Verstand, so hell er auch war, dem modrigen Dunkel diente, ist Shakespeare, wieder mit Spinoza zu reden, über die Stufen der Vernunft weg aufgestiegen zur intuitiven überlegenen Gelassenheit des Geistes, der in der Freiheit wohnt.[180]

4.6 Auswertung

Es ist also sowohl bei Landauer als auch bei Spinoza trotz der kausalen Determiniertheit aller Dinge für das Individuum möglich, Freiheit durch die Erkenntnis der eigenen Wirkmacht zu erlangen. Für Spinoza und Landauer ist dies nur im Individuellen durch die Individualität möglich. Die *nur* relative, also graduelle, Freiheit ist somit maßgeblich an die Individualität geknüpft. Die Triebnatur als solche wird sowohl bei Landauer als auch bei Spinoza als ein natürlicher und notwendiger Bestandteil positiv bewertet. Was die applikativen Momente betrifft, schlägt Spinoza dem Leser Methoden zur Affektbeherrschung vor, deren unabdingbares Erfordernis er vorher – durch die geometrisch-logische Darstellung vom Sein und dessen adäquate Erkennbarkeit – doktriniert hat. Landauer hingegen hinterfragt nicht nur die Triebmuster, sondern auch die Denkmuster als solche und hinterlässt einen Nihilismus, der Raum für ein kreatives und freies Umgestalten schafft. Applikative Techniken finden sich bei ihm nicht vor, da innerhalb seines Anarchismus-Verständnisses ethisch-normative Richtlinien als Sollensgrundsätze nur aus der Selbsterkenntnis des Individuums erwachsen können und relative Gültigkeit haben. Man könnte sagen, dass Spinoza dem Menschen generell eine moralische Mangelhaftigkeit unterstellt, die bei Landauer extreme Relativierung erfährt.

So sind auch Differenzen zwischen beiden Sichtweisen augenscheinlich. Bei Spinoza folgt auf die Affirmation der vernünftigen Erkenntnis die Glückseligkeit, die erst Affektbeherrschung ermöglicht. Nur im Anschluss kann ethisches Handeln automatisch umgesetzt werden. Bei Landauer hingegen steht die Skepsis sowohl gegenüber der rationalen Erkenntnis als auch der Triebnatur. Die rationale Erkenntnis und auch die Erkenntnis aus dem Affekt heraus ver-

---

[179] Vgl. Delf: *"In die größte Nähe zu Spinozas Ethik"*, S. 85.
[180] Landauer: *Shakespeare*, S. 375.

langen bei Landauer danach durchschaut zu werden, um dann erhöht als Gelassenheit und Empfindungsseligkeit ihre Transformation erfahren zu haben.

5. Kapitel

Individualität und Gemeinschaftliches

5.1 Erbmacht, Zwangsgemeinschaft und Utopia

Als Ausgangspunkt für die Betrachtung von Landauers Gemeinschaftskonzept soll ein Zitat aus seinem früheren Werk *Durch Absonderung zur Gemeinschaft* dienen, welches seine utopische Auffassung von Gesellschaft und Gemeinschaft reduktionistisch umreißt und in drei Arten unterteilt:

> Dreierlei Gemeinschaften unterscheide ich: erstens die Erbmacht, als die ich mich selbst finde, wenn ich tief genug in mich selbst und die Bergwerkschächte meines Innern hineinsteige, um die paläontologischen Schätze des Universums in mir zu heben, zweitens die andere Erbmacht, die von außen her mich umklammern, beengen und einschließen will, und schließlich drittens die freien momentanen Vereinigungen der Einzelnen da, wo sie und ihre Interessen einander berühren. Die erste dieser drei Gemeinschaften nennt man gewöhnlich das Individuum, das aber, wie ich zeigen will, zugleich eine Funktion oder Erscheinungsform des unendlichen Weltalls ist; die zweite ist die Zwangsgemeinschaft der bürgerlichen Gesellschaften und Staaten, die dritte Gemeinschaft ist die, die erst kommen soll, und die wir Erstens gleich jetzt anbahnen und beginnen wollen.[181]

Zu der im zweiten Kapitel dieser Studie besprochenen Definition des Individuum-Begriffs, wie ihn Landauer versteht, gesellt sich nun auch das ebenfalls bereits untersuchte Element der Zeitlichkeit in ihrer Teilung, in der Art wie es sich dem Menschen darstellt bzw. wie es von Landauer ebenfalls kritisch unter die Lupe genommen wurde und auf das hier augenscheinlich mit „Erbmacht" und der dritten Gemeinschaft, „die erst kommen soll", referiert wird. Die „Zwangsgemeinschaft" steht hier als gesellschaftliche Gegenwart und damit auch implizit als gegenwärtige Gesellschaftsform ausgeschrieben. Als zeitliches Wesen besitzt der Mensch Kenntnis über die Vergangenheit in Form von privativen und kollektiv-tradierten Erinnerun-

---

[181] Landauer: *Durch Absonderung zur Gemeinschaft*, S. 82 f.; Genau die gleiche Unterteilung taucht in *Skepsis und Mystik* erneut auf. Vgl. dazu bsd. in ders. S. 8 ff.

gen, also psychischen Eingaben sowie Voraussetzungen, als auch ererbten Materialien im physischen Sinne. Sein Selbstverständnis wird als ein immer nur punktuelles maßgeblich von seiner Erfahrung, die an sich aus der Betrachtung und Bewertung der Vergangenheit besteht, bestimmt. Im Prozess der Absonderung wird sich das Individuum über die eigene Vergangenheit durch den Vorgang des Reminiszierens in einem komplexeren Maße bewusst. Die eigene Geschichte als auch die Menschheitsgeschichte sollen nach Landauers Andeutungen zufolge in einer Art umfassenden Innenschau vom Individuum in dessen Wahrnehmungsbereich gezwungen werden können.[182]

Das Individuum scheint nach Landauers Verständnis eine Gemeinschaft aus Erinnerungen zu sein, welche in die Gegenwart hinein als konkrete Wirkweise, eingebettet in einer kausal determinierten äußeren Gemeinschaft kulminiert. Eine dritte Gemeinschaft stellt die ideale und ideelle Gemeinschaft dar, wie sie Landauer anstrebt. Das Konzept beinhaltet die Idee von pluralistischen Kommunen, die sich dynamisch austauschen, reorganisieren und auch substituieren. Ein gewisses Element der Spontanität zeichnet sie maßgeblich aus. Sie wird in dieser Weise von Landauer als das zukünftige Gesellschaftsmodell gedacht und macht seine Sozialutopie im Wesentlichen aus. Freiheit soll in diesem Zusammenhang sowohl die dynamische Konstituierung als auch Zerlegung von Interessengruppierungen nach privativen Vorlieben und Zielsetzungen bedeuten.

5.2 Gemeinschaftsideale

Im Vergleich zu Spinoza fällt zunächst auf, dass dieser im Allgemeinen die Begriffe Zeitlichkeit und Räumlichkeit weitestgehend meidet, da sie von ihm als rein physikalische Dinge, also in den Bereich des Attributs der Ausdehnung fallend, ausgewiesen werden.[183] Für ihn spielen Zeit und Raum keine allzu große Rolle, da sie Teilanschauungsformen und Maßfunktionen sind.[184] Vielmehr ist es die Zurückweisung des Raum-Zeit-Begriffs, welcher bei Spinoza im Ursache-Wirkungs-Komplex wesentlich abstrakter rezirkuliert wird.

---

[182] Vgl. ebd.
[183] Vgl. Baumann, Johann Julius: *Die Lehren von Raum, Zeit und Mathematik in der neueren Philosophie nach ihrem ganzen Einfluss dargestellt und beurtheilt,* Bd. 1, Berlin 1868, S. 157-236.
[184] Vgl. Spinoza: *Ethik,* Teil I, Lehrsatz 15, Anmerkung.

In Spinozas Ethik entpuppt sich so die Gesellschaft ebenfalls als ein Ursache-Wirkungs-Komplex, in welchem sich die Individuen gegenseitig affizieren bzw. voneinander affiziert werden.[185] Eine Vergleichbarkeit des spinozischen Gesellschaftskonzepts mit den drei Gemeinschaften, wie Landauer sie denkt, ist insofern gegeben, als Spinozas Philosophie die menschliche und damit auch die gesellschaftliche Praxis in ihren Abhängigkeitsverhältnissen zu beschreiben versucht und sie zudem ganz im Zeichen der von ihm ausgemachten drei Erkenntnisarten verortet sieht. Da für Spinoza Abhängigkeitsverhältnisse im gesellschaftlichen Zusammenhang immer auch als Machtverhältnisse synonym gedeutet werden können, sind diese und die ihnen zu Grunde liegenden Mechanismen eindeutige Gegenstände der rationalen sowie intuitiven Erkenntnis. Die Wahrnehmung dieser soll somit für die einzelnen Individuen auch ein ethisches Leitmotiv sein. So will dieses Leitmotiv einer Gesellschaft der bloßen Affektimitation zu einer Gesellschaft der Vernunft verhelfen.[186]

Hinzu kommt, wie bereits erläutert, dass Macht für Spinoza, in der Hauptsache Macht durch Erkenntnis bedeutet. Somit bindet Spinoza gewissermaßen den Affekt an die Vernunft. Als konkrete Form dieser Verbindung steht die geistige Liebe zu Gott bzw. der Natur oder Substanz. Das Ziel dieser Liebe, also die Dinge durch die dritte Erkenntnisart zu erblicken, ist gleichzeitig der Weg als Vervollständigung der Erkenntnis selbst im Selbst des Erkennenden.[187] Entscheidend ist somit, dass die drei Gemeinschaften, die Landauer beschreibt, eine gewisse Analogie zu den drei spinozischen Erkenntnisarten bilden.

5.2.1 Zeitlichkeit, Erkenntnisart und ethische Ausgangssituation

Die erste Gemeinschaft als Träger der sogenannten „Erbmacht", welche Landauer im Individuum selbst verortet sieht, setzt sich in einem Prozess der mystischen Absonderung mit der Vergangenheit auseinander, in der somit auch die Erkenntnis der kollektiv-tradierten Vergangenheit enthalten ist.

In diesem Zusammenhang ist aber auch ein Hinweis, gewissermaßen als kritische Position, zulässig. So sieht sich das Individuum also auch unweigerlich mit der Tatsache konfrontiert, dass je weiter die Vergangenheit zurückliegt, desto ungewisser eine sichere Erkenntnis über

---

[185] Vgl. Balibar, Etienne: *Spinoza and Politics*, London 2008, S. 76 -95.
[186] Vgl. ebd., bsd. S. 82.
[187] Vgl. Spinoza: *Ethik*, Teil V, Lehrsatz 24-38.

deren wirkliche Begebenheiten ist. Es mag vielleicht noch die zeitlich nahegelegene personelle und auch kollektiv-tradierte Vergangenheit weitestgehend rekapitulieren können, sich ihrer Tatsächlichkeit gewiss sein, aber ab einen gewissen Punkt kann das Individuum nur noch eine zunehmend inadäquate Erkenntnis davon haben, was der spinozischen Erkenntnis durch die Vorstellung (*imaginatio*) oder des Meinens (*opinio*) entspräche. Diese Erkenntnisart ist also auch die Ursache aller Mythenbildungen aus der Geschichtlichkeit heraus. Die Tradierung ist somit außerhalb und auch in der wissenschaftlich-objektiven Überprüfbarkeit ein anfälliges System und wird in diesem Fall meistens ausschließlich durch die Länge ihrer praktischen Nutzbarkeit legitimiert.

Landauer übersieht in diesem Zusammenhang die nur graduelle Erkenntnisfähigkeit der Individuen sowie die Notwendigkeit einer personellen (z.B. persönliche Vernunftmaximen aus Lebenserfahrungen) sowie kollektiven Erinnerungskultur (z.B. Vernunftmaximen aus der Mahnung und dem Gedenken in Form der Verschriftlichung und Kulturexponaten), welche aus ethischen Gründen, eben weil der Mensch aufgrund inadäquater Erkenntnis falsch handeln kann, materielle und ideelle Verankerungen in allgemeingültiger Form besitzen müssen, um eben Wiederholungen falscher Handlungen vorzubeugen. Zum Beispiel wäre dies im Sinne Spinozas das Erkennen von Strukturen, die zu diesem oder jenem Ereignis geführt haben. Aus dieser Sicht ist also die relative Ausrichtung des Subjekts am Logos bzw. Ethos die Voraussetzung zur Selbstbestimmung innerhalb seines gesellschaftlichen Nexus.

Ein weiteres Zitat verdeutlicht, dass Landauer sich dem Problem der Möglichkeit zur falschen Handlung durch falsche Erkenntnis durchaus bewusst ist, kommt allerdings zu einem recht fatalistischen Ergebnis:

> Gewisse Philosophen neigen sich der Ansicht zu, daß, da die Welt nach rückwärts, in die Vergangenheit hinein, seit Ewigkeiten besteht und es einen Anfang nicht gibt, alles, was in Zukunft sich ereignet, auch in der Vergangenheit schon einmal dagewesen sein müsse, und daß es aus dem entsprechenden Grunde, da die Welt nach vorwärts, nach der Zukunft hin, gleichfalls ewig sei, nämlich ohne Ende, auch alles frühere unter genau denselben Umständen sich in Zukunft einmal wiederholen müsse. Vertieft man sich in diese Ewigkeit, so kommt man zu den Schluß, daß alle Möglichkeiten erschöpft werden müssen, daß also auch alle Dummheiten, die das Menschhirn aussinnen kann, auf Erden einmal gemacht werden müssen. Wenn man zu dieser tröstlichen

Wahrheit gelangt ist, dann ist man in den Stand gesetzt, sich über nichts mehr zu wundern.[188]

Dass Landauer somit einem bloß anarchistischen Konzept, wie es allgemeinen Sinn verstanden wird, nicht zustimmen kann, erklärt sich schon aus seinem ethischen Anspruch heraus. Ein selbstbestimmendes Individuum ohne normatives Regulativ ist für ihn ohnehin nicht denkbar, da er, wenn auch etwas leichtfertig, einen zugrunde liegenden Altruismus als gegeben ansieht. Landauer muss aber schon allein aus real-pragmatischen Gründen, wenn sein Gesellschaftskonzept aus ethischer Sicht funktionieren soll, die Idee des Anarchismus der Idee des Sozialismus unterordnen. Da er genau das in seinen literarischen als auch politischen Schriften mit äußerster Radikalität vertritt, um eben dem Vorwurf des Solipsismus zu entkommen, lässt seine anarchistische Ausrichtung, die von ihm ebenso radikal vertreten wird, als eine genuine Paradoxie erscheinen. Es wäre Landauer allerding Unrecht getan, wenn diesem zwar durchaus problematischen Aspekt zu große Relevanz zukäme. Schließlich ist er bemüht gerade in seinem Projekt des anarchistischen Sozialismus und innerhalb seiner sozialpsychologischen Überlegungen beiden Konzepten die gleiche Aufmerksamkeit zukommen zu lassen. Seine Position ist am ehesten als eine Vermittlung zu bezeichnen, wie es sich besonders in seinen Shakespeare-Studien und dem Werk *Die Revolution* (1907) herauskristallisiert. Durch den revolutionären Faktor der Absonderung als Brücke zwischen Trieb und Denken wird der Anarchismus dem Sozialismus zugeführt. Dies scheint auch der Faktor zu sein, der die beiden Pole im Falle eines Ungleichgewichts wieder ausbalancieren soll.

Um auf das Ausgangszitat und Landauers Besprechung der ersten Gemeinschaft, dem Individuum, zurückzukommen, lässt sich noch eine weitere Beobachtung machen. Scheint die beschriebene Innenschau im Akt der Absonderung ein momentartiges Wahrnehmen der gesamtvergangenen Konstituierung zu sein, so wird dieses bei Landauer in seinen anfänglichen Werken und Denken auch in einem holistisch-phylogenetischen Verständnis erklärt:

Es gibt kaum etwas Wichtigeres und gewiß nichts Unumstößlicheres als die Betrachtung, wonach der einzelne Mensch, das Individuum, in einem unlösbaren körperlichen

---

[188] Landauer: *Die geschmähte Philosophie*, S. 275.

69

Zusammenhang mit der verflossenen Menschheit steht. (…) sie alle zusammen bilden eine große, durchaus wirkliche Körpergemeinschaft, *einen* Organismus.[189]

Diese Sichtweise wird auch mit der spinozischen Idee einer stetigen Zerlegung und Neubildung der Körper, sowie dem gegenseitigen Austauschen von Teilen bzw. des Affizierens der Körper untereinander, vermischt und scheint eine besondere Lesart Landauers und der *Neuen Gemeinschaft* gewesen zu sein.[190]

Landauers Verständnis von der „Erbmacht" im Inneren, scheint auf seine ursprüngliche Ansicht des *Geistprinzip-Geist*-Verhältnisses zu verweisen. Die Geistprinzipien als Erinnerungsträger stehen miteinander in Beziehung – also in Gemeinschaft (im Geist) – und zumindest ihr Ausdruck im Physischen wird vermutlich von Landauer tatsächlich in einem holistisch-phylogenetischen Sinn gedeutet.

Es bleibt festzuhalten, dass bei den drei Gemeinschaften, die Landauer beschreibt, es sich auch um chronologische und epistemologische Klassifizierungen handelt. Daher ist die erste Gemeinschaft, insofern sie ein sich durch die Totalität der Vergangenheit selbstwahrnehmendes Individuum beschreibt, einer vagen Vorstellung von sich selbst und der Welt unterlegen, was tatsächlich der ersten Erkenntnisart (*imaginatio*) Spinozas entspräche und bei Landauer eine Umdeutung zum Positiven erfährt. So scheint der eigentliche Punkt für Landauer darin zu liegen, den kreativen Moment dieser subjektiven Innenschau für eine zukünftige Gesellschaftsausrichtung zu betonen.

Was die zweite Gemeinschaft betrifft, die Landauer beschreibt, so ist diese „Zwangsgemeinschaft" ein kausales Gebilde mit inneren und äußeren Verkettungen, in dem sich das Individuum unlöslich eingebettet vorfindet. Im Prozess der Absonderung wird sich das Individuum des „Bann und Zwangs der Körpergemeinschaften" gewahr, nur um letztendlich den eigenen subjektiven Zusammenhang als auch sein *Teil*-Sein als absolut notwendiges zu erkennen. Daraus wiederum erwächst die Erkenntnis, dass die Möglichkeit zur freien Handlung nur im Individuellen liegt. Dieses stellt auch den Moment dar, aus dem der Anarchismus hervortritt.

---

[189] Landauer: *Zur Entwicklungsgeschichte des Individuums*, S. 330 f.
[190] Vgl. Dubbels: *Sprachkritik und Ethik*, S. 106 f., die sich anscheinend auf Spinoza: *Ethik*, Teil II, Forderungen 1-6 beruft.

5.2.2 Landauers anarchistische Einflüsse

Der Vollständigkeit halber muss erwähnt werden, dass Landauers diesbezügliches Ideengut mannigfaltige Einflüsse aufweist. So klingen Ideen Proudhons, Bakunins und Kropotkins an, aber auch auf die religiös konnotierte Unterart eines Tolstois sowie auf die stirnersche ultralibertäre Denktradition wird in Landauers Werken explizit und gehäuft verwiesen. Besondere Relevanz bezüglich Landauers Vorstellung vom Anarchismus kommt jedoch dem Uranarchisten Étienne de la Boétie zu. Sein Werk *Discours de la servitude volontaire* anno 1674 gilt als Klassiker des Anarchismus und beinhaltet die Kernthese, dass der Mensch seine Zustimmung zur Unterdrückung immer freiwillig veräußert, was Landauer auch als zentrale Rechtfertigung für seine revolutionären Bestrebungen dient. Allerdings ist es schwer, wenn nicht sogar unmöglich, die Eigenart Landauers auszuklammern und ihn in diesem Sinne in ein bestimmtes anarchistisches Politlager einzuordnen.[191] Dass die „Zwangsgemeinschaft" somit selbstauferlegt ist und der Anarchismus als Erkenntnis der Freiheit des Individuums ihr entgegengestellt wird, ist für Landauer dogmatisch. So betont er vehement:

> (…) wie schon gesagt, die Anarchie oder Freiheit ist nur ein negatives Prinzip. Es verweist die Einzelnen im Volke darauf, daß ihre Freiheit unzerstörbar da ist. Dieses Prinzip tötet die Götzen und zertrümmert die falschen Heiligtümer: Staat? Kapital? Oh, wollt nur, ihr Individuen, denkt und wollt; dann gibt es Staat und Kapital für euch nur noch insoweit, als Nichtdenkende und Nichtwollende euch hindern können. In vielem können sie euch hindern; in manchem könnt ihr sofort eure Freiheit anwenden, wenn ihr geeint tut, was ihr als einzelne in gleicher Art denkt und wollt.[192]

Der Unterschied zwischen fremd- und selbstbestimmten Individuen besteht also hauptsächlich in dem Erkenntnisfaktor, der relative Freiheit erst ermöglicht. Bei Spinoza entspräche dieses, dem durch die Vernunft, der rationalen Erkenntnis, erkannten Prinzip der personellen Freiheit. In der Anwendung dieser Erkenntnisart ist sich das Individuum jedoch auch seiner Determiniertheit durch die Fremdbestimmtheit bewusst, eben wegen der Wahrnehmung der innerweltlichen Kausalität. So referiert Landauers „Zwangsgemeinschaft" augenscheinlich auf Spinozas „Gemeinschaft der gegenseitigen Affektimitation". Bei Spinoza nimmt das In-

---

[191] Vgl. Pfeiffer: „*Mir leben die Toten…*", S. 61.
[192] Landauer: *Individualismus*, S. 144.

dividuum in dieser Art der Erkenntnis, die der „Verstandestätigkeit des Vergleichens"[193] entspricht, aber auch sich selbst in Relation zu dem Gegenüber als ein Unterschiedliches, aber Ähnliches, wahr. Eine bestimmte Gemeinschaft, und im weiteren Sinne die menschliche Gesellschaft als solche, an der das Individuum teilhat, muss logisch die unbedingte Ursache des spezifischen Individuums, aber nicht dessen ausschließliche und unbedingte Bestimmung sein. Ethisch gestützt wird dieses Model von Spinoza dadurch, dass durch die rationale Erkenntnis ebenso erkannt wird, dass die Gesellschaft eben nicht nur aus vernünftig Erkennenden besteht und eben darum der Weg der Vernunft ein individueller ist. Im Endeffekt kann die Gesellschaft das vernünftige Individuum nicht mehr bestimmen, obwohl es von ihr verursacht wurde, da es selbst nur noch der Vernunft folgt, in der es die eigene Freiheit erst erfährt. Hier offenbart sich bei Spinoza sowie bei Landauer eine Sichtweise auf die aktuale Gesellschaft und auch auf das Individuum, die sich dadurch auszeichnet, dass trotz durchgehender Determiniertheit des Seins die Möglichkeit zur Befreiung eine Wirklichkeit konstituiert, obgleich sie bei beiden Denkern aus unterschiedlichen Praktiken hervorgeht.

5.2.3 Utopie und Macht

Die dritte Gemeinschaft, welche Landauer vorschwebt, ist ein Gesellschaftsentwurf libertärer Art, bestehend aus selbstbestimmten Individuen, die sich nach der Gemeinsamkeit ihrer individuellen Ausrichtungen gruppieren. Sie sind damit in der Summe eine pluralistische Gesellschaft von Gemeinschaften, die sich durch dynamischen und spontanen Charakter auszeichnen. Auch ihre internen und externen Regulierungen erfolgen nach situativer Notwendigkeit. Darüber und auch über die rein praktische Umsetzung drehen sich Landauers Gedanken besonders in den Werken *Anarchismus – Sozialismus*, *Aufruf zum Sozialismus*, *Sozialistisches Beginnen* und *Zur Entwicklungsgeschichte des Individuums*. Als ein im Wirken begriffenes Kontinuum von Individuen zeichnet sich dieses Gesellschaftsmodell dadurch aus, dass es durch das sich selbst regulierende Individuum außerhalb einer präferierten Gemeinschaft im höchsten Maße „entstaatlicht" und von der absoluten Maßgabe allgemeingültiger Konventionen entfernt ist. Dass diesem Entwurf ein Höchstmaß an Spontanität und Selbstbestimmtheit als stetige Selbstaktualisierung seitens des Individuums zugrunde liegt, ist aus ethischer Sicht

---

[193] Vgl. Kisser: *Selbstbewußtsein und Interaktion*. S. 84.

nur möglich, wenn eben die theoretische Vernunft als Notwendigkeit vom Individuum erkannt und affirmiert wird (Spinoza) oder ein gegebener Altruismus bereits gegeben ist (Landauer).

So entspricht die Art und Weise dieser dritten Gesellschaftsform tatsächlich dem intuitivspontanen Individualcharakter der dritten Erkenntnisart eines Spinozas.[194] Damit ist dann in der Folge auch der ethische Anspruch durch die Formen der sozialen Tugenden, die dem freien Menschen unbedingt zukommen müssen und es genauso in Spinozas Ethik formuliert wird, an diesem Punkt der Erkenntnis selbstverständlich und erinnert entfernt an den Sozialismus Landauers.[195]

In der Tat besteht eine nicht zu übersehende Parallele in den erkenntnistheoretischen Voraussetzungen zwischen Spinozas intuitiver Erkenntnis, den daraus resultierenden freien Gesellschaftsmenschen und Landauers anarchistischen Sozialismus, der in der dritten libertären Kommunalgesellschaft mündet. So ist es gerade Landauers empfindungsselige Gelassenheit, erwachsen aus der skeptischen als auch mystischen Erkenntnisweise, die alle Eigenschaften der nach innen gerichteten, spontanen Wesensschau eines Spinozas aufweist und maßgeblich an die Vorstellung dieser dritten libertären Gesellschaftsform geknüpft ist.

Es sei aber an der Stelle angemerkt, dass es trotzdem Unterschiede zwischen Landauers und Spinozas Sichtweise auf die Gemeinschaft als solche gibt. Spinoza betont die Nützlichkeit eines Staatsvertrags in puncto Sicherheit und Frieden durch die Gemeinschaft für den Menschen vor dem Menschen. Dies liegt bei Spinoza bekanntlich in seinen hobbesschen Anleihen begründet. Es ist also fraglich, ob er vor dem Hintergrund seiner „utilitaristischen" Individualphilosophie, innerhalb dieser der ethische Impetus erst auf dem Erkenntnisgrad der Vernunft gegeben ist, zu dem Schluss kommen würde, Landauers revolutionären Anarcho-Sozialismus zu bejahen.

---

[194] Kisser wies bereits auf den spontanen Charakter der dritten Erkenntnisart bei Spinoza hin, vgl. Kisser: *Selbstbewußtsein und Interaktion.* S. 87.

[195] Zum Verständnis von Tugend, vgl. Spinoza: *Ethik*, Teil V, Lehrsatz 41 u. 42.; Für die Sozialität als Tugend, vgl. Spinoza: *Ethik*, Teil IV im Allgemeinen. Des Weiteren folgt bei Spinoza der Freiheitsbegriff erst aus der Vernunfterkenntnis und begreift soziales Handeln und vernünftige gesellschaftliche Reglements mit ein. Vgl. dazu auch Spinoza: *Ethik*, Teil IV, Lehrsatz 66-73.

Als Machttheoretiker par excellence sind bei Spinoza innerhalb seines Ethik-Projekts zwei Stränge von Gesellschaftskonzeptionen, als politische Anthropologie gefasst, implizit.[196] Um allzu große Weitschweifigkeit aufgrund des Umfangs der politischen Theorie innerhalb Spinozas Philosophie und vor allem die damit verbundenen Rezeptionen zu vermeiden, soll für diesem Punkt nur das relevante Material zu Rate gezogen werden.[197] So entwickelt Spinoza in der Ethik mit Hilfe der Affektentheorie eine zweifach affizierte Gesellschaft. Innerhalb der ersten Gruppierung zeichnen sich die Individuen durch gegenseitige Affektimitation aus und sind folglich unberechenbaren Charakters, da sie sich hauptsächlich durch Fremdaffekte definieren. Dem gegenüber steht die zweite Gruppierung von Individuen, die durch das Vernunftprinzip affiziert *selbstaffiziert* handelt. Das positive Recht dient hier aufgrund des fluktuativen Affektstatus der ersten Gruppierung als Vernunftprinzip in seiner Funktion zur Begrenzung des Naturrechts, welches ursprünglich steht.[198] Die Möglichkeit des gesellschaftlichen Machtspiels ist dieser Sichtweise notwendig inhärent und macht die Entscheidung zwischen notwendigen Gehorsam oder freiwilliger Vernunft nötig, die im Prinzip zwei Spielarten des gesellschaftlichen Reglements darstellen. Hinzu kommt, dass die Individuen zu sehr unterschiedlichen Affektkomplexen und wechselseitigen Abhängigkeitsverhältnissen unterworfen sind, als das sich überhaupt eine größere gesellschaftliche Reorganisation erzielen lassen könnte. Demzufolge ist Spinoza zu sehr Machttheoretiker, um einem neuralgischen Vorhaben, wie Landauer es anstrebt, zustimmen zu können. Allerdings scheint sich Landauer durchaus Gedanken über diese Schwierigkeiten gemacht zu haben. So ist für ihn klar, dass die relative Verteilung und die gegenseitige Bemächtigung individueller und gemeinschaftlicher Elemente in einem historisch-chronologischen Zusammenhang wahrnehmbar und überprüfbar sind. Dies illustriert er in *Die Revolution* unter sozialpsychologischen Gesichtspunkten mit den Begriffen Utopie und Topie. Dieses eindrucksvolle Werk ist der Versuch einer wissenschaftlichen Theorie der Revolution und orientiert sich nicht nur im Aufbau an der spinozischen Ethik, sondern versucht auch den anspruchsvollen Maßstab einer intuitiv-absoluten Wissenschaft zu übernehmen, wie sie von Spinoza als solche ausgeschrieben steht. So konstatiert er:

---

[196] Balibar: *Spinoza and Politics*, S. 76-95.

[197] Etablierte Forschungsstandpunkte zur politischen Theorie Spinozas können bei Michael Hardt, Antonio Negri und Étienne Balibar gefunden werden.

[198] Vgl. Balibar: *Spinoza and Politics*, S. 82.

„Also ohne weiteren Beweis: echte Wissenschaft ist deduktiv, weil sie intuitiv ist; (…). Die wissenschaftliche Darstellung der Revolution muß also vom allgemeinen Begriff ausgehen, darin bleiben und alle konkreten Einzelfälle in ihm erfassen".[199]

Nach Landauer stellt die Topie die generelle Phase gesellschaftlicher Stabilität dar und schafft sowohl Sicherheit, Sättigung, Wohlstand als auch Ordnung. Ein Gärungsprozess ist ihr allerdings innerhalb ihrer Reifung notwendig inhärent und ruft an ihrem kritischsten Punkt, der zunehmenden Uniformität der Individuen, die Utopie auf den Plan. Sie ist an sich ein geistiger und individueller Prozess, eine Art Werteumwälzung, die dazu dient, neue und ethisch-qualitativere Topien einzuleiten. Die Zeitspanne des Übergangs wird dabei durch die Revolution markiert. Auffällig hieran ist, dass die Topie eine durchgängig materielle Qualität besitzt, die Utopie allerdings ein geistiger Prozess ist, der erst im Wirken einen realen Ausdruck findet.[200] Landauer äußerte sich zu dieser Paradoxie mit folgendem prestigeträchtigen Zitat:

Utopien sind immer nur scheintot, und bei einer Erschütterung ihres Sarges, der Topie, leben sie, wie weiland der Kandidat Jobs, wieder auf.[201]

Es ist Landauers Analyse von Gesellschaftsstrukturen zu entnehmen, dass gerade das Bewusstsein Veränderungen nicht nur im individuellen, sondern auch in einem größeren gesellschaftlichen Rahmen zu bewirken, faktisch ebenfalls eine Wirklichkeit konstituiert. So ist die Utopie als innerer Moment schon immer im Individuellen angelegt und tritt als Revolution des Gemeinschaftlichen gerade am Höhepunkt einer Topie hervor, die ihrerseits von Landauer auch explizit als ungerechtester und maximal ertragbarer Punkt bezeichnet wird.[202] Gerade das Element der Utopie, was sich auch als meist gewaltsame und genötigte Transformation in der Geschichte vollzieht, ist aber auch der Anlass für Landauer auf die Möglichkeit hinzuweisen, dass dieses auch in freiwilliger und sozialistischen Art und Weise umsetzbar sein sollte. Landauer bestimmt somit, wie bereits oben ausgeführt, den Altruismus des Menschen nicht nur als Voraussetzung, sondern gewissermaßen auch als Superiorität.

---

[199] Landauer: *Die Revolution*, S. 11.
[200] Vgl. ebd., S. 11-20.
[201] Ebd., S. 15.
[202] Vgl. ebd., S. 13.

Bei Spinoza hingegen ist die egoistische Natur des Menschen der Primat und wird erst durch die Vernunfterkenntnis eine gebundene Variable. Der Altruismus Landauers entspricht bei Spinoza den Tugenden des freien Menschen, welcher seine individuellen Entscheidungen durch die rationale Erkenntnis trifft. Sie zeichnen sich auf dieser Stufe durch utilitaristischen Solidarcharakteristika aus, werden aber im Zusammenhang mit der Stufe der intuitiven Erkenntnis eine Art Selbstverwirklichungs-Altruismus und erst damit ein bewusst Freiwilliges.[203] Ab diesem Punkt aber stehen bei Spinoza das Individuum und dessen Erkenntnis Gottes bzw. der Substanz vordergründig und machen im Vergleich zu Landauer eine dritte Gemeinschaft ganz anderer Art aus, ist doch letztendlich Spinozas erklärtes Ziel für alle Individuen die intellektuelle Liebe zu Gott bzw. der Natur („Armor dei intellectualis").[204] Hier offenbart sich innerhalb der Ausrichtung auf ein Gemeinschaftsideal eine weitere Unterschiedlichkeit. Während es für Spinoza eine objektive gesellschaftliche Ausrichtung gibt, nämlich die Vernunfterkenntnis bzw. im Anschluss die gemeinsame Gotteserkenntnis, so ist die gesamtgesellschaftliche Zielsetzung Landauers die freie Auslebung rein individueller Zielsetzungen, also in dieser Hinsicht auch rein subjektiv.

5.3   Auswertung

In der Tat weist das Gesellschaftsmodel Landauers einige Parallelen zum spinozischen auf. Ob diese von Landauer intentional übernommen wurden oder sich rein zufällig ergeben, geht, was diesen Punkt betrifft, aus keiner seiner Werke oder auch brieflichen Korrespondenzen ausdrücklich hervor. Allerdings ist auch klar, dass die bereits in den vorhergehenden Kapiteln dieser Studie aufgezeigte, explizite Orientierung an der Philosophie Spinozas etliches am Gedankengut Landauers als typisch spinozisch markieren konnte. In einigen Fällen wird dies von Landauer ausdrücklich erwähnt und in anderen Fällen ergibt sich dies aus der Analyse bzw. dem Vergleich. So besteht auch was die Gemeinschaftskonzepte beider Denker betrifft eine Ähnlichkeit zwischen den von Landauer beschriebenen drei Gemeinschaften und den drei Erkenntnisgattungen Spinozas in Bezug auf die in Relation stehenden Kausalitätszusammenhänge. Die Formierung von drei Gesellschaftsarten ist bei Spinoza implizit, kann aber rekonstruiert werden. So ergeben sich bei ihm eine „Gesellschaft der Affektimitation", die sich aus-

---

[203] Vgl. Spinoza: *Ethik*, Teil IV.
[204] Vgl. ebd., Teil V, Lehrsatz 32, 35, 36.

schließlich aus der ersten Erkenntnisart speist; eine „Vernunftgesellschaft", welche die zweite Erkenntnisart zum Vorbild hat und zuletzt die „Freie Gesellschaft", die sich durch die dritte Erkenntnisart in geistiger Liebe zu Gott ergibt. Obwohl die Bewertung und Zielsetzung Unterschiede aufweist, läuft diese chronologische Reihe parallel zu Landauers „Erbmacht", „Zwangsgemeinschaft" und schließlich der „Gemeinschaft anarchistischer Sozialisten". Beide Denker betonen die Freiheit *in* Gesellschaft, wenn auch Landauer die Zielsetzung als individuelle Entscheidung sieht und Spinoza die Vernunft und die intellektuelle Gottesliebe sowohl im Individuellen als auch im Gesellschaftlichen favorisiert.

Betrachtet man außerdem noch die Denkmodelle der beiden Autoren hinsichtlich eines ethischen Impetus, so ist dieser, wenn auch in umgekehrter Reihenfolge, gegeben. Landauer nimmt einen gegebenen Altruismus als grundlegend an, Spinoza hingegen sieht die egoistische Natur des Menschen ursprünglich, die erst im Erkenntnisprozess zur sozialen Tugendhaftigkeit erhöht wird.

6. Kapitel

Nachwort

6.1 Überprüfung der These

Zum einen hat der Vergleich dieser Studie deutlich gemacht, wie sehr Landauer von der spinozischen Philosophie inspiriert worden ist, sei es explizit oder auch implizit in Folge der Übernahme einiger wesentlicher Kernpunkte. Zum anderen benutzt er diese de facto, um mit ihnen seine Theorie zu einem neuen Gesellschaftsmodel, dem anarchistischen Sozialismus, ethisch als auch philosophisch zu fundieren. Allerdings sind in einigen Punkten auch Unterschiede zwischen den Sichtweisen der beiden Denker markant. Diese Abweichungen sind u.a. den unterschiedlichen Zielsetzungen geschuldet, wie ebenfalls untersucht wurde. Dies stützt aber die These, insofern der utilitaristische Duktus, mit dem Landauer spinozisches Gedankengut selektiv für seine ethisch-anthropologischen Überlegungen hinsichtlich der Individualität und der Gemeinschaft auswählt, unterstrichen wird. Somit ist die eingangs formulierte Hauptthese verifiziert.

6.2 Zusammenfassung und Kritik

Die Individualität des Menschen ist für Landauer in einem historisch-reflektierenden Diskurs der maßgebliche Faktor für den gesellschaftlichen Wandel bzw. der Umgestaltung. Es ist somit nur konsequent, dass er dies zum Herzstück seines Anarchismus-Konzepts macht. Dieses Konzept lässt sich aber aus ethischer Sicht nur gemeinschaftlich verwirklichen. So ist sein Sozialismus-Model der Grundstein auf dem die Individualität baut. Dass diese utopische Vorstellung auf gewisse Schwierigkeiten stößt, liegt in der „solipsistischen Natur" des Menschen begründet. So ist im spinozischen Sinne ein ethisches Maß an Vernunft erforderlich, um dieser Natur Einhalt zu gebieten. Dies wird bei Spinoza als ein individueller Prozess beschrieben und unterliegt auch der individuellen Aussteuerung. Ob ein utopisches Model, wie es Landauer vorschlägt, umsetzbar ist, liegt in der Tat nur an den einzelnen Individuen und ihrer freien Entscheidung zum vernünftigen, sozialen Handeln. Dabei beinhaltet der Faktor Vernunft nach

Spinoza nicht nur ein gewisses Maß an Sozialität, sondern auch sein Gegenteil, den Egoismus. Damit ist die Vernunft auch die Fähigkeit das Gleichgewicht zwischen diesen beiden Polen zu halten. Landauer sieht diese Polarität und die Notwendigkeit einer Balance für alle Bereiche des menschlichen Einzeldaseins und auch Zusammenlebens.

Rhetorisch versiert ist Landauers kontinuierliches Rezirkulieren begrifflicher Dichotomien unter unterschiedlicher Nomenklatur. Im Bereich der historischen Betrachtung taucht es bei ihm als Utopie-Topie-Paar und in seinen soziologischen Überlegungen mit den Begriffen Individuum und Gemeinschaft auf. Als Anarchismus-Sozialismus benennt Landauers es in seiner politischen Theorie und wird im erkenntnistheoretischen Bereich in Skepsis und Mystik umgetauft. Innerhalb der Rekonstruktion seiner metaphysischen und mystischen Konzepte konnte das Begriffspaar auch als ein *Geistprinzip-Geist*-Verhältnis und *Ich-Welt*-Ewigkeitsverhältnis wiedergefunden werden.

Fragwürdig an Landauers Ethik-Konzept scheint der als gegeben vorausgesetzte Altruismus. Dies lässt die Möglichkeit einer inhumanen Gesinnung des Menschen, wie sie sich innerhalb der Geschichte nur allzu oft offenbart hat, unberührt. Ob der hypothetisch angenommene und allen Menschen zugrunde liegende Altruismus diese Seite ausspart, ist in Anbetracht der historischen Tatsachen zu verneinen. Auch die Darstellung des Altruismus als Drang zur Arterhaltung, der dem Egoismus als Drang zur Selbsterhaltung vorangehen soll, bzw. diesen auch bestimmt, tut dabei nichts zu Sache, da dies augenscheinlich nicht der Grund für die oben genannte Gesinnung zu sein scheint. Spinoza scheint sich dessen bewusst gewesen zu sein und verortet deswegen Sozialität und Humanität erst auf der Stufe der Vernunfterkenntnis.

Siglen- und Abkürzungsverzeichnis

Bd./Bde.	Band/Bände

Briefe I/II   Landauer, Gustav: *Sein Lebensgang in Briefen*, Buber, M./Britschgi-Schimmer, I. (Hrsg.), 2 Bde., Frankfurt a. M. 1929.

Briefe LM   *Gustav Landauer – Fritz Mauthner. Briefwechsel 1890 – 1919*, Delf, Hanna/Schoeps, Julius (Hrsg.), München 1994.

BuBri I-III   Buber, Martin: *Briefwechsel aus sieben Jahrzehnten*, Schaeder, G. (Hrsg.), 3 Bde., Heidelberg 1972.

GLAA   Gustav Landauer Archiv in Amsterdam

GLAJ   Gustav Landauer Archiv in Jerusalem

Archivalien

Gustav Landauer Nachlass, Internationales Institut für Sozialgeschichte, Amsterdam

Gustav Landauer Nuchal, The Jewish National and University Library, Jerusalem, Arc. Ms. Varia 432.

Staatsbibliothek Preußischer Kulturbesitz, Berlin: Landauer – Materialien

Literaturverzeichnis

Balibar, Etienne/Seidel, Helmut/Walther, Manfred (Hrsg.): *Central Theme, Spinoza's Psychology and social Psychology*, aus: Studia Spinozana, Vol. 8, Würzburg 1994.

Balibar, Etienne/Seidel, Helmut/Walther, Manfred (Hrsg.): *Central Theme, Spinoza and Modernity: Ethics and Politics*, aus: Studia Spinozana, Vol. 9, Würzburg 1995.

Balibar, Etienne/Seidel, Helmut/Walther, Manfred (Hrsg.): *Freiheit und Notwendigkeit. Ethische und politische Aspekte bei Spinoza und in der Geschichte des (anti-) Spinozismus*, Würzburg 1994.

Balibar, Etienne: *Spinoza and Politics*, London 2008.

Balibar, Etienne: *Spinoza. From Individuality to Transindividuality*, aus: *Mededelingen vanwege het Spinozahuis 71*, Delft 1996.

Bartuschat, Wolfgang: *Individuum und Gemeinschaft bei Spinoza*, aus: *Mededelingen vanwege het Spinozahuis 73*, Delft 1996.

Bartuschat, Wolfgang: *Spinozas Theorie des Menschen*, Hamburg 1995.

Baumann, Johann Julius: *Die Lehren von Raum, Zeit und Mathematik in der neueren Philosophie nach ihrem ganzen Einfluss dargestellt und beurtheilt*, Bd. 1, Berlin 1868.

Ben-Chorin, Schalom: *Was ist der Mensch. Anthropologie des Judentums*, Tübingen 1986.

Beradt, Martin/Bloch-Zavrel, Lotte (Hrsg.): *Briefe an Auguste Hauschner*, Berlin 1929.

Brodbeck, Karl-Heinz: *Ethik und Moral. Eine kritische Einführung*, Würzburg 2003.

Brugge, Walter: *Philosophisches Wörterbuch*, Freiburg 1976.

Buber, Martin: *Pfade in Utopia. Über Gemeinschaft und deren Verwirklichung*, Schapira, Abraham (Hrsg.), Heidelberg 1985.

Cepl-Kaufmann, Gertrude/Kauffeldt, Rolf: *Berlin-Friedrichshagen. Literaturhauptstadt um die Jahrhundertwende. Der Friedrichhagener Dichterkreis*, o.O. 1994.

Deleuze, Gilles: *Spinoza und das Problem des Ausdrucks in der Philosophie*, München 1992.

Deleuze, Gilles: *Spinoza. Praktische Philosophie*, Berlin 1988.

Delf, Hanna: *"In die größte Nähe zu Spinozas Ethik".* *Zu Gustav Landauer Spinoza-Lektüre,* in: *Gustav Landauer im Gespräch. Symposium zum 125. Geburtstag,* Delf, H./Mattenklott, G. (Hrsg.), Tübingen 1997, S. 69-90.

Dittrich, Dittmar: *Zur Kompatibilität von Freiheit und Determinismus in Spinozas Ethica,* Hamburg 2003.

Dubbels, Elke Kerstin: *Sprachkritik und Ethik. Landauer im Vergleich mit Spinoza,* in: *An den Rändern der Moral. Studien zur literarischen Ethik,* Kinzel, U. (Hrsg.),Würzburg 2008, S. 103-115.

Engstler, Achim/Schnepf, Robert: *Affekt und Ethik. Spinozas Lehre im Kontext,* Zürich 2002.

Fink, Monika: *Sinnenwelt und Weltseele. Der psychophysische Monismus in der Literatur der Jahrhundertwende,* Tübingen 1993.

Flohr, Paul R./Susser, B.: *"Alte und neue Gemeinschaft".* *An unpublished Buber Manuscript,* in: AJS Review, Vol.1, o.O. 1975, S.41-56.

Grözinger, Karl Erich: *Jüdisches Denken. Von der Religionskritik der Renaissance zu Orthodoxie und Reform im 19. Jahrhundert,* Bd. 3, Frankfurt a. M. 2009.

Grözinger, Karl Erich: *Jüdisches Denken. Von der mittelalterlichen Kabbala zum Hasidismus,* Bd. 2, Frankfurt a. M. 2005.

Grözinger, Karl Erich: *Jüdisches Denken. Vom Gott Abrahams zum Gott des Aristoteles,* Bd. 1, Frankfurt a. M. 2004.

Heydorn, Heinz-Joachim (Hrsg.): *Zwang und Befreiung,* Köln 1968.

Hinz, Thorsten: *Mystik und Anarchie. Meister Eckhart und sein Bedeutung im Denken Gustav Landauers,* Kramer 2000.

Kauffeldt, Ralf: *Anarchie und Romantik,* in: *Gustav Landauer im Gespräch. Symposium zum 125. Geburtstag,* Delf, H./Mattenklott, G. (Hrsg.), Tübingen 1997, S. 39-52.

Kauffeldt, Rolf: *Die Idee eines „Neuen Bundes" (Gustav Landauer)*, in: Gott im Exil. Vorlesungen über die neue Mythologie, Frank, M. (Hrsg.), Bd. 2, Frankfurt a. M. 1988, S. 131-179.

Kisser, Thomas: *Selbstbewußtsein und Interaktion. Spinozas Theorie der Individualität*, Würzburg 1998.

Knüppel, Christoph: *Geist und Geschichte. Gustav Landauers Vorstellung von einer Transformation der Gesellschaft*, in: Schriften der Erich-Mühsam-Gesellschaft, Heft 7, o.O. 1994, S. 22-42.

Landauer, Gustav: *Aufruf zum Sozialismus*; Heydorn, H.-J. (Hrsg.), Frankfurt a. M. 1967.

Landauer, Gustav: *Anarchismus – Sozialismus*, in: Signatur: g.l., Gustav Landauer im „Sozialist". Aufsätze über Kultur, Politik und Utopie (1892-1899), Link-Salinger (Hyman), R. (Hrsg.), Frankfurt a. M. 1986, S. 218-224.

Landauer, Gustav: *Der werdende Mensch. Aufsätze über Leben und Schrifttum*, Buber, M. (Hrsg.), Potsdam 1921.

Landauer, Gustav: *Dichter, Ketzer, Außenseiter. Essays und Reden zu Literatur, Philosophie, Judentum*, Werkausgabe Bd. 3, Delf, H. (Hrsg.), Berlin 1997.

Landauer, Gustav*: Die geschmähte Philosophie*, in: Signatur: g.l., Gustav Landauer im „Sozialist". Aufsätze über Kultur, Politik und Utopie (1892-1899), Link-Salinger (Hyman), R. (Hrsg.), Frankfurt a. M. 1986, S. 275-280.

Landauer, Gustav: *Die Revolution*, aus: Die Gesellschaft. Sammlung sozialpsychologischer Monographien, Buber, M. (Hrsg.), Bd. 13, Frankfurt a. M. 1923

Landauer, Gustav: *Durch Absonderung zur Gemeinschaft, in: Gustav Landauer. Zeit und Geist. Kulturkritische Schriften 1890-1919*, Kauffeldt, R. / Matzigkeit, M. (Hrsg.), Regensburg 1997, S. 88-99.

Landauer, Gustav: *Etwas über Moral*, in: Signatur: g.l., Gustav Landauer im „Sozialist". Aufsätze über Kultur, Politik und Utopie (1892-1899), Link-Salinger (Hyman), R. (Hrsg.), Frankfurt a. M. 1986, S. 280-284.

Landauer, Gustav: *Individualismus*, in: *Gustav Landauer. Auch die Vergangenheit ist Zukunft. Essays zum Anarchismus*, Wolf, S. (Hrsg.), Frankfurt a. M. 1989, S. 138-144.

Landauer, Gustav: *Meister Eckharts Mystische Schriften. In unsere Sprache übertragen von Gustav Landauer*, Berlin 1920.

Landauer, Gustav: *Philosophie und Judentum. Ausgewählte Schriften*, Bd. 5, Wolf, S. (Hrsg.), Hessen 2012.

Landauer, Gustav: *Shakespeare*, Buber, M. (Hrsg.), Hamburg 1962.

Landauer, Gustav: *Sind das Ketzergedanken?* in: *Gustav Landauer. Auch die Vergangenheit ist Zukunft. Essays zum Anarchismus*, Wolf, S. (Hrsg.), Frankfurt a. M. 1989, S. 107-214.

Landauer, Gustav: *Skepsis und Mystik. Versuche im Anschluss an Mauthners Sprachkritik*, Münster 1978.

Landauer, Gustav: *Vor fünfundzwanzig Jahren*, in: *Gustav Landauer. Auch die Vergangenheit ist Zukunft. Essays zum Anarchismus*, Wolf, S. (Hrsg.), Frankfurt a. M. 1989, S. 197-202.

Landauer, Gustav: *Zur Entwicklungsgeschichte des Individuums*, in: *Signatur: g.l., Gustav Landauer im „Sozialist". Aufsätze über Kultur, Politik und Utopie (1892-1899)*, Link-Salinger (Hyman), R. (Hrsg.), Frankfurt a. M. 1986, S. 324-348.

Landauer, Gustav: *Zeit und Geist. Kulturkritische Schriften 1890-1919*, Kauffeldt, R./Matzigkeit, M. (Hrsg.), Regensburg 1997

Levy, Ze'ev: *Baruch or Benedict. On some Jewish Aspects of Spinoza's Philosophy*, Frankfurt a. M. 1989,

Link-Salinger (Hyman), Ruth: *Philosopher of Utopia*, Indianapolis 1977.

Link-Salinger (Hyman), Ruth: *Gustav Landauer in Historical Transmission*, aus: *Proceedings of the American Academy for Jewish Research*, Vol. 41/42.

Link-Salinger (Hyman), Ruth: *Oeuvres Gustav Landauer*, aus: Proceedings of the American Academy for Jewish Research, Vol. 43.

Löwy, Michaël: *Der romantische Messianismus Gustav Landauers*, in: *Gustav Landauer im Gespräch. Symposium zum 125*, Geburtstag, Delf, H./Mattenklott, G. (Hrsg.), Tübingen 1997, S. 90-102.

Löwy, Michaël/Larrier, Reneé B.: *Jewish Messianism and Libertarian Utopia in Central Europe (1900-1933)*, in: *New German Critique*, No. 20, Special Issue 2: Germans and Jews, o.O. 1980, S.105-115.

Löwy, Michael/Sayre, Robert: *Figures of Romantic Anti-Capitalism*, in: New German Critique, Nr. 32, o.O. 1984, S. 42-92.

Lunn, Eugene: *Prophet of community. The romantic socialism of Gustav Landauer*, Berkeley 1973.

Mattenklott, Gert: *Landauers Goethe-Lektüre*, in: *Gustav Landauer im Gespräch. Symposium zum 125*, Geburtstag, Delf, H./Mattenklott, G. (Hrsg.), Tübingen 1997, S. 55-68.

Maurer, Charles Bene: *Call to revolution. The mystical anarchism of Gustav Landauer*, Detroid 1971.

Mauthner, Fritz: *Beiträge zur Kritik der Sprache*, 3 Bd., Stuttgart 1901

Mauthner, Fritz: *Spinoza, von Fritz Mauthner*, Leipzig 1906.

Mercon, Juliana: *Relationality and Individuality in Spinoza*, aus: Revista Conatus – Filosofia de Spinoza (Versao Eletronica) V1N2, o.O. 2007, URL: http://www.benedictusdespinoza.pro.br/115005/115089.html (17.04.2012).

Negri, Antonio: *The Savage Anomaly. The Power of Spinoza's Metaphysics and Politics*, Minneapolis 1991.

Newmark, Catherine: *Passion – Affekt – Gefühl, Philosophische Theorien der Emotionen zwischen Aristoteles und Kant*, Hamburg 2008.

Pfeiffer, Frank: *„Mir leben die Toten…". Gustav Landauers Programm des libertären Sozialismus*. Hamburg 2005.

Röd, Wolfgang: *Benedictus de Spinoza*. Eine Einführung, Stuttgart 2002.

Schiewe, Jürgen: *Die Macht der Sprache. Eine Geschichte der Sprachkritik von der Antike bis zur Gegenwart*, München 1998.

Schmoldt, Hans: *Der Spinozastreit*, Triltsch, Berlin 1938.

Schuchardt, Andre: *Individuum und Gesellschaft: Gustav Landauer*, o.O. 2009.

Schuchardt, Andre: *Stirner und Landauer – das ungleiche anarchistische Paar: Individuum über Alles oder Nichtigkeit des Individuums?*, o. O. 2009.

Spinoza, Baruch de: *Die Ethik nach geometrischer Methode dargestellt*, Lateinisch-Deutsch, Bartuschat, W. (Übers.), Sämtliche Werke, Bd. 2, PhB 92, Hamburg 2010.

Spinoza, Baruch de: *Theologisch-politischer Traktat*, Gebhardt, C. (Übers.), Gawlick, G. (Hrsg.) Sämtliche Werke, Bd. 3, PhB 93, Hamburg 1994.

Thalken, Michael: *Ein bewegliches Herr von Metaphern. Sprachkritisches Sprechen bei Friedrich Nietzsche, Gustav Gerber, Fritz Mauthner und Karl Kraus*, Frankfurt a. M. 1999.

Verband der Judaisten in Deutschlands e.V., URL: http://judaistik.eu/index.php?id=3 (08.04.2012).

Willems, Joachim: *Religiöser Gehalt des Anarchismus und anarchistischer Gehalt der Religion. Die jüdisch-christlich-atheistische Mystik Gustav Landauers zwischen Meister Eckhart und Martin Buber*, Albeck bei Ulm 2001.

Witte, Bernd: *Zwischen Haskala und Chassidut*, in: *Gustav Landauer im Gespräch. Symposium zum 125. Geburtstag*, Delf, H./Mattenklott, G. (Hrsg.), Tübingen 1997, S. 25-41.

Wöhler, Hans-Ulrich (Hrsg.): *Texte zum Universalienstreit*, 2 Bd., Berlin 1992.

Wolf, Siegbert: „...*ich will um des Gestaltens willen erkennen*", URL: http://trotzallem.blogsport.de/2012/05/05/2012-06-21-ich-will-um-des-gestaltens-willen-erkennen/ (17.07.2012).

Wolf, Siegbert: *Gustav Landauer Bibliographie*, Grafenau 1992.

Wolf, Siegbert: *Gustav Landauer zur Einführung*, 1988 Hamburg.

Yoshida, Kazuhiko: *Vernunft und Affektivität. Untersuchungen zu Spinozas Theorie der Politik*, Würzburg 2004.

Zank, Michael: *Einige Vorüberlegungen zur jüdischen Philosophie am Ende des 20. Jahrhunderts. Entwurf einer Antrittsvorlesung zur Martin Buber Stiftungs-Gastprofessur für jüdische Religionsphilosophie*, Johann Wolfgang Goethe Universität, Frankfurt 3. Mai 1999, URL: http://kwicfinder.com/KWiCFinder_Queries/01-108-18-Apr-S003.D0016-JuedischePhil.html (08.04.2012).